Prix : **60** centimes

AUTEURS CÉLÈBRES

Alexis BOUVIER

COLETTE

PARIS

MARPON ET E. FLAMMARION

ÉDITEURS

26, RUE RACINE, PRÈS L'ODÉON

COLETTE

ŒUVRES COMPLÈTES D'ALEXIS BOUVIER

FORMAT IN-18 A **3** FR. **50** LE VOLUME

LA GRANDE IZA

LA FEMME DU MORT (40e édition). . . . . 1 vol.
LA GRANDE IZA (80e édition). . . . . 1 vol.
IZA, LOLOTTE ET Cie (28e édition). . . . . 1 vol.
IZA-LA-RUINE (8e édition). . . . . 1 vol.
LA MORT D'IZA . . . . 1 vol.

L'ARMÉE DU CRIME (6e édition). . . . . 1 vol.

LE MARI DE SA FILLE . . . . . { Le Fils de l'Amant. . . . . 2 vol.
{ Veuve et Vierge . . . . . . 1 vol.

LE TESTAMENT D'UN CONDAMNÉ { Les Créanciers de l'Échafaud 1 vol.
{ La Princesse Saltimbanque. 1 vol.

LES ADULTÈRES LÉGITIMES . . . { La Rousse (8e édition) . . . 1 vol.
{ Le Domino Rose . . . . . . 1 vol.

LA PETITE DUCHESSE (25e édition) . . . . 1 vol.
LA PETITE CAYENNE (7e édition). . . . . 1 vol.
LE BEL ALPHONSE (12e édition). . . . . 1 vol.
LA SANG-BRULÉ (9e édition). . . . . 1 vol.
LES PAUVRES (15e édition). . . . . 1 vol.
LE CLUB DES COQUINS (7e édition) . . . . 1 vol.
MADEMOISELLE OLYMPE. . . . . 1 vol.
LES SOLDATS DU DÉSESPOIR . . . . 1 vol.
BAYONNETTE (10e édition). . . . . 1 vol.
AUGUSTE MANETTE . . . . 1 vol.
LA BELLE GRÊLÉE (32e édition). . . . . 1 vol.
LE MOUCHARD (10e édition) . . . . 1 vol.
MADEMOISELLE BEAU-SOURIRE (15e édition) . . . . 1 vol.
MALHEUR AUX PAUVRES (9e édition). . . . . 1 vol.
LE MARIAGE D'UN FORÇAT (10e édition) . . . . 1 vol.
LE FILS D'ANTONY (7e édition) . . . . 1 vol.
LA BOUGINOTTE (5e édition). . . . . 1 vol.
ÉTIENNE MARCEL. . . . . 1 vol.
AMOUR, MISÈRE ET Cie (4e édition). . . . . 1 vol.
LES DRAMES DE LA FORÊT . . . . 1 vol.

LOLO, 1 vol. in-18. . . . . . **3** fr. **50**

EMILE COLIN. — IMP. DE LAGNY.

ALEXIS BOUVIER

COLETTE

❖❖❖

PARIS

C. MARPON ET E. FLAMMARION, ÉDITEURS

RUE RACINE, 26, PRÈS L'ODÉON

COLETTE

I

DE L'UTILITÉ DU DIVORCE

Dans la vaste salle des Pas-Perdus du Palais de Justice, le vide se faisait peu à peu ; au va-et-vient des plaideurs, des avocats, des avoués et des curieux, au bavardage des uns et des autres succédaient le calme et le silence. Tous les farceurs qu'une coutume ridicule oblige à se déguiser pour calomnier le client de l'adversaire, se précipitaient vers le vestiaire et se hâtaient de se débarrasser de leur costume pour redevenir des hommes. En même temps qu'ils retiraient leur robe, ils semblaient arracher leur masque : ils sortaient du vestiaire transformés, vêtements, allures et visage.

Pendant qu'ils reparaissaient souriants, satisfaits d'eux, les pauvres gens qu'ils avaient défendus soupiraient tristes, écrasés, maudissant les juges et les avocats. Le bruit sourd du battement des portes rembourrées troublait seul le silence. Les gardiens somnolaient sur des bancs ; plusieurs chambres étant closes, ils attendaient la levée de l'audience d'une chambre civile pour fermer le Palais.

On était à la fin de la journée.

Un homme de trente à trente-cinq ans allait et venait de la porte de la chambre où le tribunal siégeait, à la statue de Malesherbes qui se trouve au milieu de la salle des Pas-Perdus. Il paraissait fiévreux, agité ; deux fois il avait saisi le bouton de la porte verte, et il avait laissé retomber le battant sans entrer ; marchant plus vite pour revenir de nouveau, il l'entr'ouvrait encore, penchait la tête, écoutait, et, n'entendant rien, il recommençait sa promenade rapide.

Tout à coup la porte s'ouvrit, plusieurs personnes sortirent bruyamment, l'audience était levée ; le jeune homme se dirigea aussitôt de ce côté. Un avocat parut souriant ; un grand gaillard maigre, jaune comme un parchemin, qui paraisait immense dans sa longue robe noire ; il était calme et béat. C'est gaiement qu'il dit au jeune homme qui s'était avancé vers lui :

— Vous étiez là, monsieur Debret, et vous n'êtes pas entré...

— Vous voyez bien que je ne suis pas assez calme pour ça... M'entendre insulter...

— Aujourd'hui, nous n'avons rien à dire...

— Enfin ?... interrogea Debret.

— Eh bien ! mais c'est fini... nous n'avons ni gagné ni perdu...

— Comment cela ?

— Le tribunal a prononcé la séparation entre vous deux sans en accorder le bénéfice à aucun...

— Et vous dites que ce n'est ni perdu ni gagné !... Comment ! la séparation n'est pas prononcée contre elle, après ce que vous avez dit...

— Eh ! le tribunal n'a pas trouvé les faits suffisamment probants... elle avait des armes terribles contre vous... Je vous ai dit l'autre jour ce que notre adversaire avait raconté ; si vous aviez été là...

— Si j'avais été là ! exclama Debret menaçant, je l'aurais étranglé...

— Chut ! chut ! que dites-vous là ?...

L'avocat prit le bras de son client et l'entraîna dans la salle, reprenant :

— Ne dites pas de choses semblables... Vous vouliez être séparé... c'est fait, que vous importe que la séparation ne soit pas prononcée contre elle... elle ne l'est pas non plus contre vous... En somme, vous êtes libre et elle ne l'est pas.

— Mais vous n'avez donc pas dit que cette femme est la dernière des misérables ! je ne peux vivre et faire face à mes affaires que depuis le jour où je l'ai quittée... Qu'elle a eu un... deux amants...

— J'ai dit tout cela...

Le jeune homme navré, hochait la tête, il demanda :

— Et ce qu'elle demandait...

— Ah! cela est plus cruel...

— Comment, plus cruel! fit Debret relevant la
tête.

— Oui ! Depuis deux ans vous l'avez quittée. Elle
sait ce que vous avez fait depuis cette époque, ce
ce vous gagnez, ce que vous avez touché... Devant le
tribunal elle a exagéré tout cela... et on a été sévère.

Debret regardait avec inquiétude son avocat,
effrayé par l'exorde, n'osant interroger.

— Vous savez qu'elle demandait une pension alimentaire de mille francs par mois. Le tribunal lui a
accordé seulement six cents francs.

— Six cents francs ! exclama le jeune homme en
regardant son défenseur avec hébêtement... six
cents francs !...

L'avocat, sans porter attention au trouble de son
client, continua en chiffonnant son rabat :

— Six cents francs de pension mensuelle à partir
du jour de la demande. Monsieur Debret, comprenez
bien : on s'est très occupé de vous, on a prouvé que
l'année dernière vous aviez gagné plus de trente mille
francs, on a...

— Mais c'est faux, j'ai liquidé une affaire en train
depuis deux ans... Et je ne suis pas certain de gagner
toujours mille francs par mois... mais ce que vous
avez obtenu pour moi, c'est une condamnation aux

travaux forcés... Je n'ai plus le droit de vivre, de me réjouir, de me reposer, je dois travailler sans cesse pour la femme qui m'a torturé, déshonoré...

-- Voyons, monsieur Debret, il ne faut pas s'emporter, il faut être raisonnable.

— Est-ce que c'est possible ! Mais vous ne croyez donc pas ce que je vous dis... vous connaissez cependant les difficultés que j'ai eues pour faire face à ce procès... Mais c'est ma ruine, ma perte... mais c'est un écroulement... je n'ai que l'assassinat ou le suicide pour sortir de là...

L'avocat reprit amicalement le bras de son client, et souriant, avec un ton paternel, il dit :

— C'est dur, c'est évident... N'allez pas faire de sottise... et ne criez pas si haut qu'on ne puisse vous croire capable d'une folie... Du courage, vous êtes jeune, vous êtes en bon chemin... vous gagnerez beaucoup d'argent.

— Mais non, monsieur, c'est une erreur ! Ainsi, un voleur ou un escroc serait condamné à mille, deux mille francs d'amende... et moi je suis condamné à huit mille francs par an ! — Moi, honnête homme, ayant eu le malheur d'épouser une fille qui ne peut pas vivre en honnête femme, je suis condamné, l'ayant prise pauvre, à l'entretenir dans l'oisiveté, dans le vice, sur le taux de ce que je gagne en travaillant chaque jour... ce que je pourrai placer pour assurer mon avenir, c'est à elle que je dois le donner, et je me trouverai vieux sans ressources lorsqu'elle sera riche de mes dépouilles.

— Vous exagérez la situation, dit bonassement l'avocat avec un mouvement d'épaules.

Ils avaient marché jusqu'au bout de la salle des Pas-Perdus ; Debret s'arrêta, posant sa main sur le bras de son interlocuteur, et lui demanda :

— Enfin, résumons. Je suis séparé. C'est bien. Je suis condamné à faire *six cents* francs de pension à partir du jour de la demande ; or, cette demande de séparation remonte à trente mois... ce qui fait que je dois immédiatement verser... car je n'ai pas un temps de délai.

— Non ! Vous devez verser à la signification du jugement.

— D'ici six semaines, je dois verser dix-huit mille francs... sans les frais.

L'avocat acquiesçait complaisamment de la tête, Debret s'emporta en s'écriant :

— Mais c'est impossible, monsieur Robin, mais je n'ai pas la moitié de cette somme et je suis dans l'impossibilité de me la procurer. Je ne peux plus vivre. Je suis perdu.

— Vous pouvez en appeler... Cependant le jugement est exécutoire nonobstant appel... Il faut emprunter.

— Emprunter ! et à qui emprunterais-je. Il me faudrait rendre mensuellement et alors je ne pourrai plus payer la pension... Oh ! c'est abominable ..

Et le malheureux désespéré eut un sanglot et fondit en larmes... Maître Robin, pour le consoler, lui disait doucement :

— Voyons, monsieur Debret, il faut avoir de l'énergie... Certainement c'est cruel, les juges ont été très sévères, mais c'est un peu votre faute, vous ne vous êtes pas remué, vous ne vous êtes pas occupé de votre affaire... tandis que votre femme allait chez tous, fouillait, cherchait, ramassait vérités et calomnies pour arriver avec un dossier ; — de plus, elle a fait des démarches adroites ; — elle est jolie, coquette, elle était là, à l'audience, dans une attitude de femme sacrifiée, l'air modeste, humble, elle pleurait... et son regard allait, suppliant, des juges au ministère public ; c'est une adroite.

— Elle était là ! s'écria d'un ton plein de rage et de menaces le jeune homme en essuyant vivement ses yeux.

— Mais oui, elle y était, et sa petite comédie a pu contribuer aux avantages qu'elle a obtenus... Elle justifiait, par son aspect désolé, les accusations de débauches et de cynisme qu'elle avait fait porter contre vous..

— La voilà ! fit Debret en s'élançant.

Maître Robin s'arrêta stupéfait, en voyant son client courir en brandissant sa canne, dans la direction de la chambre du tribunal, de laquelle sortaient les derniers curieux.

C'est que Debret avait entendu résonner dans la

vaste salle presque déserte les notes cristallines d'une
voix qu'il connaissait bien, et il avait vu deux jeunes
femmes que saluait gaiement un avocat ; deux jeunes
femmes fort élégantes, l'une en toilette un peu tapageuse, l'autre d'une simplicité de bon goût. Elles se
retiraient en riant et en parlant haut. Dans ce rire, il
avait entendu la dernière s'écrier :

— Marius va en faire une tête...

C'était de lui que sa femme se moquait ! elle l'avait
rendu ridicule, elle l'avait ruiné, et elle le raillait !...
Il avait bondi de colère, il avait rejoint les deux
rieuses et, menaçant la dernière de sa canne, il disait :

— Gredine, vous venez jusqu'ici vous ficher de
moi !...

La jeune femme, effrayée, avait crié et cherchait à
se sauver ; mais il la poursuivait, continuant :

— Votre métier de fille ne vous rapportant plus
assez, vous voulez me faire payer maintenant les
plaisirs de vos amants.. Misérable gueuse, après m'a-
voir déshonoré par votre conduite, vous venez ici me
calomnier et me ruiner... mais je vous étranglerai...

Il parlait d'une voix sourde ; la jeune femme
criait :

— Au secours ! au secours !

L'amie, voyant Debret lever la canne sur elle,
s'était précipitée entre eux deux en jetant un cri... Le
jeune homme, fou de colère l'avait saisie par un bras
et allait frapper...

Aux cris de la jeune femme, les rares curieux et

les quelques gardiens s'étaient élancés vers Debret et l'avaient arrêté. Maître Robin s'avança :

— Que faites-vous, malheureux... frapper une femme !..

Le jeune homme laissa retomber son bras, obéissant à l'observation de l'avocat. Sur un mot de celui-ci, les gardiens le lâchèrent.

Les femmes, tremblantes, se disposaient à se sauver. Debret se contenant, dit avec effort :

— Aujourd'hui, grâce à ces messieurs, je ne vous ai pas frappée.. Si je me suis élancé sur vous, c'est que vous vous moquiez de moi... Souvenez-vous, madame, que partout où je vous rencontrerai, je veux que vous baissiez les yeux devant moi, je veux que vous ne prononciez mon nom qu'avec respect..

Il se recula vivement, comme s'il résistait à une trop forte tentation, en disant :

— Que je ne vous rencontre jamais... car si je ne me tue pas, je vous tuerai.

La jeune femme s'était serrée toute tremblante près de son amie. Un des gardes du palais lui dit à mi-voix :

— Vite ! vite ! madame, partez.

C'est probablement la retraite qu'elle redoutait, car assurée de la protection du garde et voyant maître Robin contenir son mari, elle prit le bras de son amie et l'entraîna en se sauvant.

Debret avait des crispations qu'il cherchait à dominer ; il était pitoyable à voir. Ceux qui l'entouraient

avaient, au premier mot, compris la scène et le regardaient avec compassion. Il souffrait bien, le malheureux, dépensant toute son énergie à contenir la
colère qui l'étouffait.

Les deux femmes descendaient l'escalier qui se
trouve au bout de la salle. Un des gardiens, indi-
quant l'autre porte, disait à Debret :

— Tenez, monsieur, sortez par ici.., vous ne ris-
querez pas de vous rencontrer.

L'avocat avait repris le bras du jeune homme et
l'entraînait doucement :

— Il faut surmonter tout cela et ne plus penser à
cette femme...

Tout à coup, de l'escalier, sonna le rire joyeux
des deux jeunes femmes— le rire exagéré qu'on voulait
bien faire entendre — avec ces mots :

— Qu'il ne se tue pas, surtout... je tiens à mes rentes... l'imbécile !

Avec le frou-frou de la soie on entendit la porte se
refermer ; les femmes se sauvaient en riant plus
fort. Lui, le malheureux, il s'était redressé tout à
coup et, le front livide, le regard menaçant, en fouil-
lant dans ses poches pour y chercher une arme, il
s'élança en criant :

— Oh ! la gueuse, je vais la tuer !

Les deux jeunes femmes, après avoir rapidement
descendu l'escalier, s'étaient trouvées sur le boulevard ;
elles avaient traversé le trottoir en courant ; d'un saut,

elles avaient grimpé dans une voiture et elles partaient lorsque Marius Debret apparut les poursuivant.

Blême, la bouche grispée, grinçant des dents, chancelant, il s'adossa pour ne pas tomber sur l'huisserie de la porte. Dans ses oreilles entrait, comme un sifflement strident, le rire de sa femme. Il voyait les deux rieuses dans la voiture découverte qui les emportait, il voyait du chiffonnage de soie et de dentelles émerger la tête de sa femme ; elle riait aux éclats, et avant que la voiture s'engageât sur le pont au Change, il la vit se dresser et faire un pied de nez.

Il restait inerte, anéanti, sans force, humilié ; sans qu'il le sentît, un des gardiens du Palais lui prit des mains le revolver qu'il avait sorti de sa poche, en lui disant tout bas :

— Cachez ça bien vite, monsieur, on vous arrêterait.

Il regarda le gardien d'un air hébété, paraissant ne pas comprendre ce qu'on lui disait. Celui-ci, cachant l'arme dans ses poches, ajouta :

— Maître Robin vous prie de l'attendre quelques minutes ; il est allé retirer sa robe et il vous rejoint.

Le jeune homme ne répondit pas. Baissant la tête, le regard fixe, souffrant de l'humiliation qu'il venait de subir, il restait indifférent à ce qui se passait autour de lui, murmurant entre ses dents :

— Je la tuerai... je la tuerai... je ne peux pas vivre comme ça.

Il n'osait lever les yeux, croyant que tout le monde

avait remarqué le rire et le geste gouailleur de sa femme, croyant que tout le monde le trouvait ridicule et s'amusait de sa situation. Oh ! s'il avait pu la rejoindre, la misérable, il l'aurait étranglée. La rencontre l'avait bouleversé, remuant toute la haine qui couvait en lui et la faisant déborder. S'il avait pu lutter, se battre, il se serait apaisé ; mais il était écrasé par une force inerte, il était forcé de subir sans pouvoir réagir. Peu lui importait ce qui en serait résulté ; il aurait frappé sa femme, il se serait vengé et il en voulait à l'avocat qui avait retenu son bras. Sa générosité n'avait servi qu'à la rendre plus audacieuse et plus insolente, qu'à le faire publiquement insulter... Et c'est cette vie qu'il fallait désormais subir ! Aussi, répondant à sa pensée, il dit, hochant la tête et d'un ton menaçant :

— Ah ! non... non... l'un ou l'autre y passera... les deux peut-être. Je me tuerai ou je la tuerai...

Le gardien, qui avait prudemment caché le revolver, l'observait toujours. Quand enfin maître Robin parut, un peu essoufflé et achevant de boutonner son gilet, en voyant son client il exhala un soupir de satisfaction et dit :

— Il vous a rejoint... ah ! tant mieux ; je redoutais que vous ne vous fussiez mis à la poursuite de ces femmes.

Debret leva la tête et, grimaçant un méchant sourire il dit :

— Si j'avais pu la rejoindre je l'aurais tuée...

— Voyons, fit vivement l'avocat, je vous en supplie, ne parlez plus ainsi ; dans votre intérêt, tout ne serait peut-être pas fini si l'on vous entendait.

— Ah ! l'on peut faire ce qu'on voudra, on ne me réduira pas plus que je ne le suis.

Le gardien parlait tout bas à maître Robin en lui remettant discrètement le revolver ; celui-ci atterré par ce qu'il entendait, et craignant peut-être qu'un retour inopiné de la femme n'amenât une catastrophe, dit à son client en lui prenant familièrement le bras :

— Vous rentrez chez vous, mon cher monsieur Debret ; venez, nous allons prendre une voiture et vous reconduire. Il faut avoir de l'énergie et réagir...

Le jeune homme se dégagea de l'étreinte ; il avait honte de sa faiblesse ; imposant à son corps d'obéir à sa volonté, il se redressa, passa ses mains sur son front et dans ses cheveux, comme s'il en voulait chasser les nuages qui obscurcissaient son cerveau, et, de l'air d'un plongeur qui remonte à la surface et reprend l'air à pleins poumons, il respira bruyamment et dit :

— Vous avez raison... il faut réagir... avoir de l'énergie, ne serait-ce que pour me venger...

— Vous allez en appeler ?

— Ah ! du diable, si jamais je demande justice à ces vieillards somnolents, sans logique et sans cœur... C'est jugé, pour eux !... C'est moi qui me ferai maintenant justice moi-même.

— Qu'allez-vous faire ?

— Je ne le sais pas .. mais j'échapperai, je vous le jure, à leur jugement odieux.

— C'est impossible, ne dites pas cela...

— Impossible ! exclama Debret... Moi, j'entretiendrai cette femme !... Je l'éviterais plutôt par la mort.

— Vous ne parlez pas en homme raisonnable ! Montons en voiture et nous causerons.

Debret regardait l'avocat et le gardien, semblait les interroger et se fouillait.

— Que voulez-vous ? demanda le dernier.

— Mais lorsque j'ai descendu l'escalier, j'étais armé... j'avais mon revolver ; qu'en ai-je fait ?...

— Aïe ! fit plaisamment l'avocat, vous n'avez pas l'intention de vous en servir vis-à-vis de moi... je vous assure que j'ai fait le possible pour éviter cette condamnation...

— Monsieur Robin, je le sais et vous remercie... Ah ! c'est vous qui me l'avez pris !

Maître Robin avait sorti l'arme de sa poche et la lui rendait, pendant que le gardien lui présentait sa canne qu'il avait jetée en se précipitant par l'escalier à la poursuite de sa femme...

— Il était temps qu'on vous désarmât, vous alliez commettre une folie...

— C'est probable... et quoi que vous disiez, je regrette de ne l'avoir pu faire dans ce moment d'égarement.

— Empochez votre revolver et venez.

Ils montèrent en voiture, assis l'un près de l'autre, et s'étant tournés obliquement, afin de causer, Debret interrogea :

— Monsieur Robin, avant d'attaquer, il faut que je me défende... Que va-t-on faire, si je ne peux payer ?

— Mon cher Debret, on ne dira pas que vous ne pouvez pas payer, on dira que vous ne le voulez pas, et on agira avec la plus grande sévérité; on vous poursuivra à outrance, on vous saisira, on mettra des oppositions à vos appointements et vos bénéfices...

— On me saisira, et puis on me prendra tout ce que je gagne pour entretenir dans la paresse et dans le vice la catin qui porte mon nom... et il faut que je subisse ça.

— Il faut vous entendre avec votre maison pour vous faire une réserve. On a établi que vous avez touché beaucoup d'argent l'an passé.

— Mais je vous ai expliqué ça... Depuis quatre ans, la maison était gênée... Je ne touchais que de faibles acomptes... On m'a soldé l'an passé. Mais l'argent touché a servi en partie à payer les dettes faites lorsqu'on ne me payait pas... On a augmenté mes appointements cette année. Je dois avoir dix-huit mille francs, mais je suis convaincu que je ne les toucherai jamais. L'agrandissement de la maison, l'augmentation du personnel, tout cela cache un coup, je le crains. J'ai des fonds dans la maison, je vais les reprendre, c'est vous dire que je n'ai pas confiance.

— Si cela arrive, vous attaquerez en diminution de pension.

— Il sera bien temps... on m'aura pris ce que j'ai, et je me trouverai sans place... Mon Dieu ! mon Dieu ! gémit le malheureux, que faire !...

— C'est une mauvaise année à passer, dit l'avocat avec l'indifférence des gens habitués à aider à la ruine des autres.

— Je ne sais pas ce que je ferai, mais je vous jure... que Suzanne payera cher l'infamie qu'elle vient commettre... légalement, ajouta-t-il avec ironie, et je vous jure également qu'elle ne touchera pas ça.

Et en disant ces mots il faisait claquer l'ongle de son pouce sur ses dents

— Ce sont des mots, mon ami, on ne résiste pas à un jugement, il faut se soumettre... Certainement il est exagéré ; mais ce qui vous a le plus nui, ce ne sont pas seulement les injures et l'abandon dont votre femme se plaignait ; ce sont vos relations avec Mademoiselle Colette.

— Mais c'est faux, monsieur Robin, c'est faux !...

— Vous m'avez dit que vous aimiez cette dame.

— Mais oui ! je l'aime, je l'adore... Mais je n'ai pas de relations avec elle, c'est la pureté, la sagesse même...

— Notre adversaire n'a pas dit cela... il a dit qu'elle

était votre maîtresse, que vous meniez avec elle une vie honteuse, que vous l'aviez débauchée.

— N'achevez pas... Voyez dans quel état cela me met de vous entendre... Calomnier cette malheureuse enfant... Oh! cela, je ne le pardonnerai pas. Est-ce qu'elle est capable, elle, de comprendre un amour qui, né le matin, n'est pas satisfait par la possession le soir. Est-ce qu'elle est capable, elle, de croire qu'il existe des femmes honnêtes, elle qui n'a que le vice pour mobile... Oh! la gredine!...

— Mon pauvre monsieur Debret, votre affaire a beaucoup souffert de cette aventure. Mon confrère s'en est très habilement servi : il a raconté des histoires piquantes, et il a eu un succès de rire en révélant que la demoiselle que vous aimiez avait des allures si provocantes, des regards si voluptueux, des caresses si hardies, qu'on l'avait surnommée, pour dépeindre cette chaleur, la Petite Cayenne...

— Oh! le misérable...

— Mais, non! Mon confrère n'a dit que ce qu'on lui avait raconté...

L'œil ardent, les lèvres sèches, les mains crispées, Marius Debret s'écria :

— Elle m'a ridiculisé, déshonoré, elle m'a ruiné... J'aurais peut-être subi tout cela... mais elle calomnie Colette. Elle me le payera, et vous verrez, monsieur Robin, comment je me venge...

— On a vingt-quatre heures pour maudire ses juges... Demain, nous nous reverrons et nous causerons de défense... de vengeance, si vous voulez, mais de choses pratiques... A demain, car nous sommes arrivés chez vous...

Debret ne répondit pas ; il serra la main de maître Robin et lui dit sèchement :

— Adieu, monsieur Robin... Merci, et à bientôt.

— A demain.

Il ferma la portière et rentra vivement dans sa maison, pendant que la voiture entraînait l'avocat qui disait avec un mouvement d'épaules :

— Pauvre garçon !... demain, bah ! il sera plus raisonnable.

Marius Debret monta rapidement chez lui, au deuxième étage. Il ferma brusquement la porte, et marcha dans le petit appartement en bousculant tout, satisfaisant sa colère sur les meubles, allant et venant en parlant tout haut.

— C'est absolu ! je suis ruiné ; par la séparation j'espérais le calme, l'assurance du repos de l'un et de l'autre, l'indépendance enfin... et le résultat, c'est une charge plus lourde encore que n'a été le ménage...

Las de frapper des pieds dans le vide, il se jeta dans un fauteuil, et mordillant ses lèvres, les yeux fixes, le regard perdu, il pensa. Cela dura quelques minutes pendant lesquelles tous les détails de son procès et le résultat traversèrent son cerveau. Sans avoir conscience qu'il pensait tout haut, il dit :

— Pendant qu'elle vivait heureuse dans la débauche, moi, pauvre, je travaillais, je pouvais crever

de misère; elle ne m'aurait pas tendu la main... elle
ne parlait de moi que pour m'insulter... il lui était nécessaire, pour qu'elle justifiât sa conduite, de me faire
passer pour un gredin... Elle s'attirait ainsi les sym-
pathies par ses calomnies et ses mensonges. — Le
jour où j'ai gagné de l'argent, elle a pensé à moi, et
ne m'ayant jamais aidé, elle se donne le droit de
me prendre ce que j'ai. Et je subirai ça ! non ! tout
ce que j'ai si péniblement reconstruit, cet intérieur,
ce chez moi, — car je lui avais tout abandonné pour
ne pas coucher dans ce lit où elle en recevait d'autres,
— mes bibelots, mes affaires, elle ferait vendre tout
cela !...

Oh ! non ! non ! Je travaillerais de l'aube à la nuit,
dans un bureau étroit, étouffé, en cul-de-plomb, pendant qu'elle se promène au Bois en toilette de cateau...
ah ! sacredié, non, non... l'argent que je gagnerais serait pour elle... avant tout je devrais penser à cette
pension ! D'abord où trouverais-je dix-huit mille
francs?... je n'en ai pas la moitié... Mais que vais-je
faire?... Quand même verser cette somme tous les
mois... Il y a de quoi devenir fou !... Si je la tuais on
ferait une enquête sur ma situation... on ne pourrait
pas me condamner... puisque je n'ai que ce moyen
d'échapper à la misère... aux travaux forcés... La
gredine, je l'entends insulter Colette... je l'entends
crier en riant : « Qu'il ne se tue pas surtout, je tiens
à mes rentes. »

Marius Debret se redressa, son bras nerveux se

détendit dans le vide comme s'il frappait quelqu'un d'invisible, et, répondant à sa pensée, il répétait :

— Me tuer... me tuer...

Tout à coup, il resta immobile, le regard fixe, mais ne voyant rien autour de lui ; tout un plan se développait dans son cerveau : il n'avait que des hochements de tête comme s'il approuvait sa pensée ; il se laissa retomber dans son fauteuil, et s'accoudant, le front dans ses mains, il réfléchit longtemps.

Quand il releva la tête en passant la main dans ses cheveux, il paraissait plus calme ; sur son visage s'étalait un singulier sourire et, toujours causant avec lui-même, il dit :

— Ce serait bien singulier... si cela était possible... Pourquoi ne serait-ce pas possible ?... et parbleu, je puis bien l'essayer. Oh! si je réussis, quelle vengeance !... C'est avec des larmes de sang qu'elle paiera ce qu'elle m'a fait souffrir.

Se secouant comme s'il voulait se débarrasser des tourments qui l'écrasaient, et réagissant contre cet anéantissement, Marius Debret se redressa en disant :

— Je n'ai pas de temps à perdre : il faut les devancer. En restant dans ma maison, c'est elle qui toucherait ce que j'y gagnerais. Dans ces conditions, la place n'est pas utile à conserver, et puis enfin, en la quittant, je ne fais que devancer le sort qui nous est réservé. Aujourd'hui j'aurai encore affaire au patron, avant peu, on ne traitera qu'avec un syndic.

Et puis, bah! advienne que pourra. Si je suis malheureux, tant pis. Mais ELLE n'aura rien de moi. Je veux en finir ce soir.

Sa résolution était prise, il sortit et dans la rue se mit à marcher vivement. Il demeurait rue Saint-Georges ; il se rendit rue de la Grange-Batelière et entra dans la maison de laquelle il était le caissier et le principal commis.

Un établissement singulier, très difficile à qualifier. C'était à la fois une maison de banque et de commission, les magasins et les bureaux occupaient les rez-de-chaussée et entresol. Dans les cartons du bureau, il n'y avait guère de titres ; dans les magasins, on remarquait l'absence de marchandises. Sur une plaque de marbre, on lisait cette enseigne laconique : Davilson et compagnie, bureaux à l'entresol.

A l'heure où Marius essaya d'ouvrir la porte, les bureaux étaient fermés et un garçon de magasin occupé au nettoyage vint lui ouvrir. En le reconnaissant il se rangea pour le laisser passer.

— Comment, tout le monde est parti !... c'est déjà fermé !...

— Mais, monsieur Debret, il y a longtemps, il est six heures.

— Déjà ! Est-ce que M. Davilson est venu... il est chez lui ?...

— Non, monsieur. M. Davilson est dans votre bureau... C'est lui qui vous a remplacé aujourd'hui.

— Ah ! il est là, bien.

Satisfait, le jeune homme traversa la longue pièce qui, formant presque couloir, était séparée par des boiseries sur lesquelles s'ouvraient plusieurs guichets. Le bureau du caissier se trouvait au bout. Marius frappa. Une voix dit :

— Entrez.

Il entra ; l'homme qui se trouvait assis devant un bureau, étonné d'être dérangé à cette heure où l'établissement aurait dû être fermé, se fit un abat-jour de sa main, s'isolant de la lumière que la lampe jetait sur son bureau, cherchant à reconnaître l'indiscret visiteur qui venait le troubler à cette heure. En reconnaissant Marius, il parut un peu gêné d'être surpris dans son travail, et se hâta de repousser des papiers sur les livres qu'il consultait.

— C'est vous, Debret, à cette heure-ci ! Votre procès est terminé ? Mais vous n'aviez pas à venir ce soir, j'ai mis votre livre à jour.

— M. Davilson, j'avais absolument besoin de vous voir ce soir... et je ne reviendrai pas demain... Je voulais vous prévenir et m'excuser...

— Que me dites-vous là ! fit le directeur bouleversé en se tournant du côté de Debret... Vous ne viendrez plus ?

— J'y suis obligé... Vous allez me comprendre en quelques mots... Ce que je viens vous demander, c'est à titre de service que je le réclame.

— Voyons, asseyez-vous là et expliquez-vous.

Marius obéissant, avança un siège, y prit place et commença :

— Monsieur Davilson, mon procès vient de se terminer : je n'ai pas été jugé, j'ai été exécuté. Les juges ont en quelques mots détruit dix années de travail, je suis ruiné... et, ce qui est plus grave, condamné à la ruine... Une pension exagérée que l'on m'oblige à faire à la honteuse créature qui porte mon nom, me forcerait à travailler toute ma vie rien que pour elle... Je suis désespéré.

— Qu'allez-vous faire ?

— D'abord, je ne veux pas qu'on saisisse ce que j'ai chez vous, et je vous le demande.

M Davilson eut un léger mouvement qu'il réprima aussitôt. Marius l'avait remarqué cependant, et il continua :

— Ensuite, si je demeurais avec vous, comme on mettrait opposition sur mes appointements...

— On ne peut tout vous prendre.

— Je ne sais pas jusqu'où s'étend leur droit.. mais je ne veux leur en reconnaître aucun. Je ne veux rien, rien donner... et je viens donc vous offrir ma démission.

— Vous allez me quitter..., mais ce n'est pas possible.

— Je vous répète ce que je vous ai dit, monsieur Davilson. C'est un service que je vous demande.

— Vous êtes sous le coup de la condamnation, vous ne savez ce que vous faites ; vous écoutez la colère, la passion, il faut attendre un jour pour reprendre votre sang-froid et retrouver votre bon sens... D'abord on ne peut agir immédiatement.

— Monsieur Davilson, vous vous trompez, je suis tout à fait maître de moi, l'heure de la colère est passée... ma résolution est prise. Demain soir, je serai loin...

— Où voulez-vous aller ? demanda M. Davilson sur lequel l'affirmation de Marius, qu'il partirait le lendemain, semblait faire une certaine impression.

— Je vous en supplie, ne m'interrogez pas... je ne veux rien dire.

— Voyons, mon cher Marius, vous êtes un peu mon ami, vous me reconnaissez bien le droit de vous rappeler vos intérêts et de vous empêcher de faire une folie.

Cette femme vous a rendu assez malheureux — vous avez pour elle le mépris qu'elle mérite ; vous n'allez pas, à cause d'elle, faire un coup de tête.

— Monsieur Davilson, rien ne me fera changer...

— Mon ami, vous voulez me quitter... il faut le temps de mettre en ordre votre caisse.

— Oh ! mes livres, — vous l'avez pu voir en me remplaçant aujourd'hui — mes écritures sont à jour.., en quelques heures, je puis vous rendre mes comptes.

— Eh ! il s'agit bien de cela — fit monsieur Davilson, devenu sombre et baissant la tête, embarrassé pour s'expliquer.

Il y eut un silence d'une longue minute, au bout duquel le maître de la maison, relevant la tête et paraissant résolu, dit :

— Mon cher Debret, vous savez mieux que moi ma situation. Si la commandite qui m'était assurée, et que j'attends depuis deux mois, n'arrive pas dans quelques jours, je suis perdu... Vous savez quelles sont mes échéances de fin de mois... J'étudiais ce soir sur vos livres les moyens d'y faire face... en en renouvelant une partie... C'est au moment le plus difficile que vous allez me quitter... et lorsque ma caisse est vide, vous me demandez de vous rembourser ce que vous avez déposé chez moi.

— Monsieur Davilson, c'est un service que je réclame de vous...

Davilson s'était levé, il se promenait dans le vaste bureau, sombre, agité, et demanda à Debret étonné :

— Mais enfin où allez-vous ?... Si vous voulez lui échapper, il ne faut pas que vous restiez en France... il faut aller en Angleterre...

— Oh ! j'irai plus loin que ça... répondit vivement Marius.

Davilson s'arrêta devant son caissier, le regarda fixement et reprit :

— Vous allez faire une folie... Vous allez sacrifier votre argent, en le plaçant pour quelqu'un... ce n'est pas à vous seul que vous pensez...

Debret impatienté l'interrompit en répétant :

— Je vous en supplie, ne m'interrogez pas.

Davilson changea d'allure tout d'un coup; il prit affectueusement la main du jeune homme, et c'est d'un ton paterne qu'il lui dit avec un triste sourire :

— Allons, mon cher Debret, vous êtes un homme. Je ne dois pas insister, le proverbe espagnol dit : « Oblige d'abord l'ami qui te demande, tu le conseilras après. » Vous le voulez, que votre volonté soit faite... J'ai à vous huit mille francs, il vous en est dû deux mille, cela fait dix mille francs, je vais vous les remettre...

M. Debret était un peu surpris de la facilité avec laquelle son patron consentait à sa demande, surpris de la rapidité du changement; il exhala un soupir de satisfaction, et se plaçant devant son bureau, il dit :

— Je vais immédiatement faire ma caisse devant vous et vous en rendre la clef.

— Oui, dit Davilson, avec intention, mais je suis pressé.

— Nous en avons pour quelques minutes, répondit vivement Marius, craignant qu'il n'essayât de revenir sur sa décision; mais au contraire, le banquier commissionnaire reprit :

— Nous allons faire la caisse ensemble, vous m'en remettrez les clefs et j'irai à mon rendez-vous. Mais il faut absolument que vous jetiez un dernier coup d'œil sur vos écritures...

— Certainement... cela m'est arrivé assez souvent les veilles d'échéances de rester ici jusqu'à deux ou trois heures du matin... Je vais travailler quand vous serez parti.

— C'est cela ! vivement, voyons ça.

En moins d'un quart d'heure, la caisse était vérifiée, Marius était payé, Davilson lui faisait ses adieux — puisqu'il ne devait plus le revoir — lui recommandant :

— Refléchissez bien à ce que vous allez faire... mais disparaissez vite, filez en Amérique, — dans le Sud il y a encore quelque chose à faire.

— On ne parlera plus de moi dans huit jours.

— Sacrédié — ne dites donc pas cela, ça me fait quelque chose... N'allez pas faire de bêtise... m'obliger à me reprocher de vous avoir cédé, ce que vous appelez vous rendre un service !... Après si longtemps ne plus vous revoir, cela me fait quelque chose...

S'il n'avait connu son patron, Debret aurait pu croire à son émotion, aux larmes discrètes qui mouillaient ses joues quand, lui tendant les bras, il lui dit :

— Que je vous embrasse... adieu !...

Et comme s'arrachant à cette scène pénible, il se sauva vite en s'écriant :

— Pauvre brave garçon !

Marius Debret restait stupéfait; ayant entendu la porte des bureaux se fermer, il se mit au travail.

Quel était le plan du malheureux garçon pour échapper à la ruineuse condamnation et se venger de sa femme, il lui eût été impossible de le dire. Rien n'était absolument arrêté dans son cerveau, il se mettait à l'abri d'abord des mesures de garantie qui pouvaient être prises contre lui. En quittant sa place, il ne risquait guère; en reprenant les fonds qu'il avait dans la maison, il agissait prudemment, car il savait mieux que tout autre ce que valait le grand établissement Davilson et C^{le}. Lançant des affaires bizarres, qui n'aboutissaient jamais, Davilson se trouvait acculé à une catastrophe prochaine. Marius connaissait l'audace et l'aplomb de son patron; il savait ce qu'il fallait croire de ses déclarations. Il y avait plus d'un an qu'il parlait de cette commandite par un groupe de grands officiers étrangers. — Ce qui était plus clair et plus inquiétant, c'est que le portefeuille était bourré de traites qui avaient fait sourire ceux auxquels on en avait fait donner en paiement et qui à leur échéance n'ayant pas été payées, étaient venues en remboursement à la caisse Davilson. C'était une valeur problématique. L'agrandissement des bureaux, l'augmentation du personnel n'avait eu d'autre but que de jeter de la poudre aux yeux des gogos qui venaient naïvement confier leurs titres.

Plus que tout autre, Marius pouvait juger de ces tripotages et apprécier la valeur des liasses de traites que son patron toujours calme et souriant lui donnait à encaisser.

Il était plus tranquille, il quittait la maison avant la

chute qu'il redoutait. Il était entré dans les fonds qu'il avait versés et dans la somme d'appointements qui lui était due. Il était bien un peu étonné de la facilité relative avec laquelle il avait amené Davilson à ce qu'il voulait; il lui avait semblé que son patron était plus satisfait qu'il ne voulait le paraître de son départ, et que c'était la cause de son consentement à le rembourser immédiatement.

Il pensa que Davilson avait l'intention de donner la place qu'il quittait à un homme, qui, s'intéressant dans la maison, apporterait des fonds.

Marius, le lendemain, irait chez son tapissier, lui ferait immédiatement déménager son appartement et vendre ses meubles à l'hôtel des ventes ; le soir même il aurait ses fonds et serait absolument libre d'agir à sa guise.

Il était plus de minuit lorsqu'il quitta le bureau, ferma les portes et remit les clefs au garçon qui couchait dans l'antichambre.

Le lendemain, pendant que le tapissier faisait porter les meubles à l'hôtel des ventes, Marius se rendit au square de la rue Richelieu. Il se promena quelques minutes sous les grands arbres... regardant souvent à sa montre, pour jeter des regards autour de lui comme s'il attendait quelqu'un. Après dix minutes d'attente, une jeune fille parut, au-devant de laquelle le jeune homme joyeux se précipita aussitôt. On comprenait facilement le rayonnement de plaisir qui illumina la physionomie du jeune homme en voyant la jeune fille, de laquelle il prit la main, pour glisser son bras sous le sien en disant :

— Bonjour, Colette.

— Bonjour, monsieurMarius.

Ils marchèrent lentement, se regardant, silencieux, lui, pressant sa main dans la sienne et serrant son bras sur son cœur.

Mlle Collette avait environ dix-huit ans ; un sourire provocant s'épanouissait sur ses lèvres fraîches. Gracieusement souple, la jeune fille n'était pas très grande, mais elle était élégante de tournure et de manières. Sa petitesse ajoutait un charme de plus à sa personne, les bras étaient beaux, bien attachés, les extrémités étaient aristocratiquement fines, la taille était ronde, le buste un peu lourd ; elle avait une veulerie, une nonchalance de démarche qui contrastait avec la vivacité de son sourire et de son regard.

Collette Bénard, qu'on appelait la Petite Cayenne, était fort belle, avons-nous dit ; on en jugera en quelques lignes : le visage était encadré de superbes cheveux roux qui seyaient admirablement au teint clair de sa peau ; les yeux, dans leurs paupières épaisses et légèrement bistreuses, bruns dans l'ombre, avaient une lueur singulière qui, sous leurs longs cils noirs, leur donnait un charme étrange : les sourcils bruns, bien dessinés, ajoutaient à leur beauté. Le nez était presque droit, et ses narines roses se dilataient à la moindre impression ; la bouche fraîche, pas trop petite, avait des lèvres appétissantes qui semblaient appeler le baiser; le cou blanc révélait le teint neigeux d'une poitrine opulente. Ce qui était singulier dans cet ensemble adorable, c'est que sur ce front, sur ce visage, s'étendait l'air bon et honnête d'un cœur chaste et pur, tandis que le sourire était provocant, et que le regard avait une ardeur troublante.

Après une promenade de quelques minutes, pendant lesquelles leurs yeux seuls avaient causé, et s'étaient, ma foi, dit beaucoup de choses — comme on continuait cette muette causerie — Colette demanda :

— Eh bien, monsieur Marius ?

— Ma chère Colette, j'ai beaucoup de choses à vous dire... Mon procès est fini...

— Vous êtes définitivement séparé, vous êtes libre.

— Je suis séparé, malheureusement, je n'en suis pas plus libre pour ça... Si j'obéissais à la loi, je devrais vivre toute ma vie comme un prêtre...

Mademoiselle Colette était devenue toute rouge en répétant interrogativement :

— Si j'obéis à la loi?... Que voulez-vous donc faire ?

— Ma chère Colette, écoutez-moi ; c'est de vous maintenant que dépend mon avenir..

— De moi !

— Voici ce qu'est ma situation, — et en quelques mots rapides, il expliqua la condamnation qui le ruinait, la résolution qu'il avait prise d'y échapper, et il termina en disant : le reste dépend de vous.

— Comment ?

— Colette, je vous aime ; quand je vous ai connue, vous ignoriez ma situation. Depuis longtemps, je vivais séparé de ma femme : comme tout le monde vous m'avez cru célibataire ; j'ai vu votre mère. Je devais pour être reçu parler mariage ; que voulez-vous, je n'avais pas le courage de dire une vérité qui m'aurait fait repousser. J'ai eu tort, mais vous m'avez pardonné depuis... Vous vouliez que je fusse absolument dégagé de la servitude conjugale... c'est fait..., mais je ne puis me remarier. Il faut que vous ayez confiance en moi, que vous croyiez sincèrement que lorsque je vous dirai : Je vous prends pour femme, je vous jure de vous aimer et de vivre avec vous toujours, cela est plus sérieux que le mariage fait de l'assemblage de deux intérêts que la loi garrotte... Je veux aller à l'étranger ; là, vous serez ma femme, ma vraie femme ; j'ai de quoi tenter la fortune, nous recommencerons la vie ensemble... Voulez-vous ?

La jeune fille ne répondait pas ; il la regarda et il vit deux grosses larmes couler de ses yeux.

— Pourquoi pleurez-vous... êtes-vous donc décidée à me refuser.

— Non... monsieur Marius, je suis sincère, je ne rougis pas d'avouer que je vous aime et d'ajouter que je maudis le jour où je vous ai connu... Si j'avais été plus courageuse... plus honnête, le jour où j'ai appris votre position, ou j'ai reconnu que vous m'aviez trompée... j'aurais dû rompre et ne jamais vous revoir.

— Que dites-vous là... Est-ce que je mérite cela... j'ai péché de vous aimer trop.

— Aujourd'hui, la situation est atroce... je vous aime... par vous je suis compromise, mes parents vous croient toujours libre et s'étonnent que vous ne pressiez pas un mariage que vous semblez tant désirer.

— Voulez-vous leur dire la vérité?

— Vous m'avez déjà proposé cela et je vous ai répondu... Avouer à mon père, à ma mère, que vous êtes marié... c'est la fin. Partir de la maison sans me marier! Mon père me l'a dit cent fois, en parlant d'une amie qui avait suivi son amant : « J'aime mieux te voir sortir d'ici morte que pour aller vivre avec un amant. » Le pauvre homme, vous ne savez pas comme il m'aime, et comme il me respecte, comme il est convaincu que je suis honnête et incapable d'une pareille chose... Si je lui avouais la vérité... il me ferait enfermer et il vous chasserait de chez nous, et de cruelle façon...

— Que faire?

— Avouer est impossible... Je n'oserais pas !... et ne voudrais pas que vous le fissiez!

— Alors, Colette... voulez-vous me suivre... voulez-vous partir ensemble et lui écrire quand nous serons... unis.

La jeune fille fondit en larmes en s'écriant :

— Oh mon Dieu! mon Dieu... Si je faisais cela.. mon père me maudirait. Oh! le pauvre homme, songez donc à son désespoir... Ma mère subirait tout, la sainte femme, mais elle s'éteindrait lentement en voyant la douleur de son mari et en se trouvant condamnée à ne plus revoir son enfant .. C'est le malheur chez nous... Et peut-être mon père, fou de rage et de honte, nous poursuivrait-il, et s'il nous rejoignait, il nous tuerait tous les deux...

— Et croyez-vous que la mort n'est pas préférable à la vie sans vous... Ne pleurez pas, je vous en supplie... Colette, on nous regarde.

Quelques passants s'étonnaient de voir une si jolie fille sangloter au bras de son amoureux. Colette honteuse cacha son visage dans ses mains, se laissant entraîner par Marius qui la conduisait dans un café environnant. Ils se placèrent dans le coin le plus sombre; assis en face l'un de l'autre ils attendirent que le garçon après les avoir servis se fût retiré dans l'office, pour reprendre leur entretien.

L'établissement qu'avait choisi Marius était propice au mystère qu'il recherchait, ils étaient les seuls clients. Patrons et garçons déjeunaient dans une petite salle près de l'office, la grande salle du café restait déserte. Colette avait cessé de pleurer, mais sa gorge se soulevait dans le halètement de ses sanglots contenus; elle s'était accoudée sur la table, la tête un peu penchée, les doigts enfoncés dans ses superbes cheveux roux, son autre bras abandonné sur la table.

Marius prenait sa main entre ses deux mains ; ils se regardaient tous les deux ; la pauvre enfant faisait tous ses efforts pour retenir les larmes qui mouillaient ses yeux.

Après un silence de quelques minutes, Marius lui dit :

— Colette, il faut du courage et de la volonté... de la résolution que vous prendrez aujourd'hui ma vie va dépendre...

— Je ne vous comprends pas..

— C'est simple ; je vous ai dit ce qu'était mon jugement, je ne veux pas le subir... c'est la ruine immédiate, puis le travail sans repos, au bénéfice de l'autre. A cette misère, à cette vie, je préfère le repos, je dépenserai ce que j'ai et je me tuerai...

— Que dites-vous là ? exclama Colette effrayée.

Marius répondit doucement et d'un ton qui ne laissait point de doute sur sa sincérité :

— Oui, Colette, je me tuerai... je ne veux vivre que pour vous !... Je vous aime honnêtement, je vous veux pour femme... Je veux en finir aujourd'hui avec le passé. Hier, j'ai pris chez mon patron l'argent que j'avais placé dans la maison, je lui ai donné ma démission en lui annonçant que je quittais la France ce soir ; en ce moment on vend mon mobilier à l'hôtel des ventes, ce soir j'aurai tout ce qui m'appartient dans ma poche.

— Comment ! déjà tout cela est fait... mais, qu'avez-vous donc pensé en venant me retrouver ce matin ?

— Je vais vous le dire... En deux mots vous avez établi la situation qui nous était faite... Je vous aime... vous m'aimez... n'est-ce pas? bien?

Colette affirma deux fois d'un mouvement de tête, et il continua :

— Il nous est impossible de nous marier; si vos parents savaient cela, je serais chassé de chez vous, et vous seriez surveillée; il faudrait renoncer à vous voir. Jamais... Acceptez-vous cela et dois-je renoncer à vous?

Le regard humide et douloureux de la jeune fille se fixa sur lui, en même temps qu'une affectueuse pression de main disait non.

— Ce qu'on nous refuserait, il ne faut pas le demander, il faut le faire... Je vous jure sur ma mère morte que je ne vois en vous qu'une épouse. Sans prévenir vos parents nous partirons ensemble, nous quitterons la France, et, lorsque nous serons établis, vous écrirez pour leur dire la vérité. Quand ils sauront l'impossibilité contre laquelle nous nous heurtions, ils pardonneront...

Colette hochait la tête d'un air de doute.

— Ils vous aiment, ils voudront vous revoir.

— Oui, oui... ils m'aiment, les pauvres bons, ils ne vivent que pour moi... Non, monsieur Marius, ce serait indigne, non, je ne puis les abandonner ainsi.

Si Marius avait été un dépravé, un cynique, il aurait été satisfait du résultat obtenu; la jeune fille s'abandonnait, la résistance ne venait point de ce qu'elle refusait de lui appartenir, mais seulement de ce qu'elle ne voulait pas quitter ceux qui l'avaient élevée. Il ne le remarqua pas ; il cherchait une compagne, une femme, il n'avait jamais pensé à faire sa maîtresse de celle qu'il aimait au-dessus de toute chose. Aussi, c'est d'un air navré, avec un accent déchirant qu'il lui dit :

— Non?... C'est votre dernier mot, Colette?... il faut que je disparaisse ce soir ; ou je quitterai la France, ou je me tuerai... car je sais me venger.

Son air sombre, farouche, en disant ces derniers mots, fit relever la tête à Colette qui lui demanda :

— Vous vous tuerez pour vous venger?

— Non!... mais je ne vous tourmenterai plus...

— Il y a une intention que je ne puis m'expliquer dans ce que vous me dites... Marius, répondez-moi franchement ; si je ne consens à vous suivre, que voulez-vous faire...

— Je veux me venger...

— Et de qui, mon Dieu...

— De la misérable pour laquelle j'en suis arrivé où je suis... de celle qui m'a calomnié, moi... et vous...

— Et moi?...

— Après m'avoir tourmenté toute ma vie, après m'avoir fait souffrir toutes les douleurs, je ne veux pas qu'elle puisse se réjouir de ma ruine ou de ma mort.

Je la tuerai... et je me tuerai ensuite..

— Vous êtes fou... vous ne ferez point semblable chose...

— Ma destinée est entre vos mains... Oui, je deviendrai fou, si vous refusez...

Il y eut encore un silence de quelques minutes, au bout desquelles la jeune fille en pleurant lui dit :

— C'est moi qui vais commettre un crime, Marius ; je suis votre fiancée, et je ferai ce que vous voudrez.

Ils étaient seuls dans le café, nous l'avons dit ; Marius se leva rayonnant, prit la belle Colette dans ses bras et l'embrassa longuement sur les lèvres. Tout à coup elle eut un tressaillement, elle se dégagea brusquement de l'étreinte et recula. On eût dit que ce baiser avait fait couler dans son sang une chaleur nouvelle ; ses seins oppressés se soulevaient, ses yeux humides avaient un regard langoureux et lourd, ses lèvres s'étaient gonflées et ses narines frémissaient.

— Qu'avez-vous ? fit Marius inquiet et étonné.

— Rien, rien, fit-elle en s'efforçant de sourire. C'est l'émotion. Sortons, j'étouffe ici.

Ils sortirent ; lorsqu'elle s'appuya sur son bras, il sentit qu'elle tremblait. Elle lui demanda :

— Que voulez-vous faire ?

— Colette, vous allez me trouver bien exigeant, mais il le faut... pour la réussite de mes projets.

— Dites, Marius... ma résolution est prise... j'ai hésité, j'ai discuté... je suis décidée, il faut agir, bien vite... que je n'aie pas le temps de réfléchir ; je ne vous écouterais plus.

— Je veux partir ce soir...

Il la regardait tremblant, redoutant un refus catégorique ; mais, au contraire, le plus simplement du monde, elle répondit :

— Bien, je serai prête... d'où partirons-nous ?

C'est lui qui fut embarrassé, il n'avait pas arrêté de route ; le principal était de quitter Paris avec Colette, et il répondit :

— A la gare de l'Est, à sept heures !

— Bien, fit la jeune fille. Ils se retrouvaient autour du square Louvois ; elle arrêta tout à coup Marius en se plaçant devant lui, et fiévreuse, agitée, elle lui dit :

— Marius, j'ai dit oui ; je ne veux plus penser au malheur que je vais faire. Je sortirai de chez nous pour vous joindre, comme si je sortais de la mairie avec l'assurance que c'est avec mon époux que je vais partir, que je quitte mon père et ma mère pour aller vivre avec mon mari... Si vous ne m'aimez plus un jour ne me dites jamais : Tu n'es que ma maîtresse !... Tuez-moi... mais ne m'abandonnez pas...

— Je vous le jure, Colette...

Souriante elle reprit :

— Au revoir... A la gare, à sept heures.

Elle se sauva et disparut rapidement dans la rue de Richelieu. Il sembla à Marius qu'elle sanglotait en lui disant ces derniers mots. Il restait un peu étourdi de ce qu'il avait obtenu, surpris d'avoir trouvé tant de vigueur et de résolution sous ses apparences de douceur et de faiblesse. Il était presque effrayé lui-même de ce qu'il avait résolu. Il n'avait pas de temps à perdre, il se rendit chez son tapissier et toucha l'argent que celui-ci lui offrit, car la vente n'était pas achevée, et probablement devait durer quelques jours.

Il retourna chez lui, afin de brûler ses papiers, ne conservant que ce qui lui était nécessaire à la constatation de son identité. Prêt à partir, il réfléchit à ce qu'il allait faire. L'horizon, si sombre la veille, devenait rose. Marius se sentait revivre, il avait de l'argent, il allait retrouver la femme qu'il aimait et ne vivre que selon son caprice. Il recommençait sa vie.

Mais en envisageant gaiement le voyage, il pensa qu'il serait peut-être bien dur de faire passer toute une longue nuit dans un compartiment à sa jeune fiancée — car lui aussi prenait au sérieux la fable avec laquelle Colette se persuadait qu'elle agissait en honnête fille. — Il lui semblait plus raisonnable et plus galant, ne voulant pas rester à Paris la première nuit de noce, de l'aller passer à quelques lieues de là seulement, pour repartir le lendemain matin.

Il se décida pour Châlons. Il arriverait avant minuit, il demanderait le plus bel appartement de l'hôtel, se ferait servir un fin souper et commencerait la longue vie de bonheur que lui promettait celle qu'il aimait. Il ne se souvenait pas qu'il avait éprouvé les mêmes émotions lors de son premier mariage. C'est le propre de l'amour de nous donner à chaque caprice des sensations qu'il nous semble éprouver pour la première fois. Ses bagages avaient été portés à la gare ; il regarda sa montre et s'écria :

— Diable, mais je vais être en retard.

Et tout rayonnant d'espoir, il se sauva en courant ; devant sa porte il faillit jeter Robin par terre.

— Où diable courez-vous ainsi... Vous n'êtes pas encore remis ?

Marius éclata de rire et répondit en lui prenant vivement la main.

— Adieu, mon cher maître, adieu ! Vous ne me reverrez plus.

— Pauvre garçon... ce rire forcé fait mal... Il est désespéré — et va faire une folie !

I

UNE NUIT DE NOCE

Marius avait sauté dans une voiture, qui le conduisit à la gare de l'Est ; étendu sur les coussins, la tête
en arrière, les yeux clos, il pensait. Dans son plan il
quittait Paris pour toujours, il allait avec la femme de
son cœur, fonder une maison à l'étranger. Il parlait
correctement l'anglais et l'allemand, employant jour-
nellement les deux langues dans les relations d'affaires de la maison Davilson ; il s'en servait sans accent, et pouvait espérer obtenir d'heureux résultats
dans ce qu'il entreprendrait, évitant de révéler sa
nationalité et échappant à la prévention qu'ont les
nationaux pour les étrangers.

Balancé par le roulement de la voiture, il envisageait nettement la position qu'il allait se faire pour
se tirer de la situation difficile dans laquelle il se
trouvait. Il se considérait comme marié avec Colette,

établi dans une ville quelconque. Mais le hasard pouvait faire venir dans le lieu où il se serait fixé un homme le connaissant... cet individu, s'il était l'ami de sa femme, l'informerait peut-être de sa découverte, et il risquait de nouveau d'être poursuivi. Marius ne savait pas si cela était possible, mais il suffisait qu'il en doutât pour reconnaître la nécessité de prendre ses précautions.

Il réfléchit quelques minutes et décida :

— C'est bien simple. C'est au nom de ma femme, de Colette, que je mettrai la maison que nous fonderons. Ainsi, je suis chez elle et j'échappe à toutes poursuites ; puis, pour n'être pas obligé à des explications et pour dérouter toutes les investigations au cas où on me ferait rechercher, je prends le nom de Colette ; je ne fais pas de faux, je ne signe pas. Mais faisant traiter par elle, signer par elle, je me laisse appeler M. Bénard. Jamais on ne me trouvera sous ce nom.

La voiture s'arrêtait devant la gare, Marius en descendit, ayant payé le cocher, et courut vivement dans la salle d'attente. Colette ne s'y trouvait pas. Un pli traversa son front ; il était inquiet ; son visage rayonnant s'assombrit. Il ne restait que quelques minutes pour le départ du train et l'heure du rendez-vous ; il vint se placer sur le pas d'une des portes, cherchant au plus loin où son regard pouvait porter. Il ne doutait pas d'elle, mais on pouvait avoir surpris son projet de fuite et s'y être opposé. Il n'osait croire à une semblable déception... Quel écrasement ; pourrait-il s'en relever ? Il rejeta vite cette pensée. Ce n'était qu'un retard, on partirait par un autre train... il regarda encore plus loin, personne, et la cloche sonnait dans la gare... Il désespérait.

Une voiture s'arrêta ; par la portière il reconnut Colette ; elle souriait et de grosses larmes mouillaient ses yeux. Il se précipita, prit la petite valise qu'elle sortit de la voiture en descendant, et conduisit la jeune fille dans la salle d'attente ; les portes étaient ouvertes ; les employés disaient :

— En voiture... l'express, en voiture...

Marius tremblait d'émotion, balbutiait :

— Que je souffrais... que j'avais peur... enfin vous voilà, Colette...

— Je suis en retard... c'était si difficile de partir.

Un employé avait ouvert un wagon ; les deux jeunes gens étaient en retard et tous les compartiments étaient occupés ; ils ne trouvèrent que deux places en face l'un de l'autre ; ils s'y installèrent. Marius était très ennuyé ; il ne pouvait parler à son aise à celle qu'il aimait Ils étaient obligés à la plus grande réserve dans les propos qu'ils échangeraient ; ils y suppléeraient par leurs regards dans lesquels se réflétaient leurs pensées.

Il se pencha vers elle pour lui dire bas :

— Colette, ma chère petite femme, que je suis heureux...

Elle lui sourit et pressa sa main qui tenait la sienne... le train se mettait en marche.

— Car maintenant tu es ma femme... tu es à moi. dit-il plus bas et si près d'elle que son souffle était comme un baiser...

Colette rougit un peu en même temps que ses paupières voilèrent la flamme de ses yeux ; elle rougit bien plus en voyant le voyageur qui se trouvait près de Marius se lever en souriant malicieusement, et en l'entendant lui dire :

— Madame, voulez-vous accepter ma place, vous serez tout près de votre mari.

Elle était toute confuse. C'est Marius qui, en l'attirant près de lui, répondit :

— Monsieur, je vous remercie infiniment...

— Je vous remercie, monsieur, fit Colette prenant la place, et, au lieu de s'enfoncer dans le coin, se serrant près de Marius en lui abandonnant ses mains. Elle était toute troublée et ravie en même temps de la phrase qu'elle entendait pour la première fois et qui pour elle était, dans ce départ, comme la consécration de son mariage :

— Tout près de votre mari, avait dit le galant voyageur.

Que cette phrase niaise lui avait été douce à entendre. Ainsi on ne s'y trompait pas ; ils étaient ensemble et on l'appelait madame, on disait votre mari... A tant d'autres femmes accompagnées par un homme on disait : Mademoiselle... En les voyant, on devinait que leurs amours étaient sérieuses et honnêtes. Elle était toute fière de cela, la pauvre petite.

Un peu penché sur elle, Marius lui demandait tout bas :

— En vous voyant éplorée... et sans bagages, j'ai eu peur... pourquoi pleurez-vous ?

— Je vous en supplie, Marius, ne me questionnez pas à ce sujet, répondit-elle vivement et d'une voix tremblante... vous me feriez pleurer encore...

— Pardon, ma chère Colette, je ne veux point vous faire de peine.

— Je le sais bien. mon ami. Les efforts que j'ai faits pour ne rien laisser voir à la maison ont été bien pénibles... Enfin, j'ai réussi : pour mes parents, je suis partie chez mon amie Christiane pour passer la journée de demain dimanche, à Montmorency. Je ne dois revenir que lundi soir ; d'ici là, j'aurai écrit. C'est pour cela que je n'ai que cette petite valise de linge.

— Ce n'était même pas utile de la prendre, si elle pouvait donner l'éveil.

— Au contraire... c'était nécessaire. Ce qui a paru singulier à maman, c'est que je mettais cette robe, — vous ne l'avez pas remarquée...

— Vous êtes toujours jolie, je ne vois que vous...

— C'est la robe que je ne devais mettre que le lendemain de mon mariage ; c'est mon parrain — il habite Lyon — qui m'a donné la soie, pour cette occasion... Et plus bas elle ajouta en souriant : — C'est ma toilette de mariée que j'ai revêtue.

Il se tourna vers elle, tenant ses mains dans chacune de ses mains, et les visages tout près l'un de l'autre, les yeux dans les yeux, les bouches se touchant presque, Marius dit plus bas, mais avec passion :

— Oui, ma Colette, dans ma pensée nous sommes unis depuis ce matin, irrévocablement unis : tu es ma femme, devant Dieu et devant les hommes, et nous faisons notre voyage de noce. Colette, je t'aime.

La jeune fille remua la bouche ; elle disait le même mot tout bas ; en même temps sur ses yeux, pleins d'une voluptueuse langueur, ses paupières s'abaissaient, ses lèvres tremblaient ; elle se laissa tomber en arrière dans l'angle du wagon. Marius aurait voulu pouvoir prendre ce baiser ; il sentait tout son être tressaillir, ses désirs le dévorer ; il eût tout oublié s'il n'avait vu autour de lui les regards malicieux qu'échangeaient ses compagnons de voyage..

Quelques minutes suffirent pour dissimuler le trouble de Colette ; plus calme, et le regard doux, elle sourit à Marius un peu embarrassé de l'attention dont ils étaient l'objet.

Pour s'arracher à la gêne qu'elle ressentait, Colette voulait parler, mais parler haut, et elle demanda à Marius :

— Où allons-nous ?

La question pouvait paraître singulière à ceux qui les entouraient, aussi Marius la rectifia-t-il en disant :

— Oui, nous allons descendre à Châlons, dans un

hôtel que je connais... et demain matin nous repartirons de très bonne heure.

— Où irons-nous ensuite ? demanda-t-elle plus bas.

— A Bade, puis de Bade, où nous ne resterons que deux jours, à Francfort; là je veux voir une maison avec laquelle je m'entendrai pour ce que nous allons faire. Nous y séjournerons deux journées, puis nous rons à Mayence et nous descendrons le Rhin jusqu'à Cologne; nous y resterons un jour; de là nous irons à Spa, deux jours, et enfin à Bruxelles, où je veux voir une autre personne. Je ne sais combien nous y séjournerons; de là, nous atteindrons. Calais et nous irons à Londres, où nous nous installerons.

Colette était rayonnante, la mauvaise impression du départ étant effacée. Parisienne jusqu'à la moelle, elle n'avait pas quitté Paris; elle n'avait jamais dépassé Versailles. Et ce voyage si ordinaire aujourd'hui, était pour elle plein de révélations, de promesses. Ce changement quotidien, ces nuits d'hôtels avaient, dans leur mystère, un charme particulier.

Peu à peu la nuit tombait, les voyageurs somnolaient; l'un deux, pour dormir plus aisément, avait tiré le rideau sur la lampe. Les deux amoureux étaient plus libres, et cependant l'ombre les rendait plus circonspects. Ils devenaient plus chastes en retrouvant plus de liberté, et c'est avec une tendresse toute fraternelle que Marius supportait sur son épaule la tête endormie de sa compagne fatiguée.

En arrivant à la gare de Châlons ils prirent une voiture et se firent conduire à l'hôtel. Vivement impressionnée et reprise de cette agitation fiévreuse qu'elle avait au départ, Colette se serrait près de Marius. Dans le vestibule de l'hôtel, la jeune fille pressait étroitement le bras du jeune homme; celui-ci demandait une belle chambre et commandait un souper, ajoutant qu'on devait monter les valises, car ils partaient le lendemain matin.

— Monsieur et madame partent demain matin ; je prierai monsieur alors de vouloir bien ce soir inscrire son nom sur le livre...

— Très bien... donnez-moi le livre.

On le lui apporta. Il quitta le bras de Colette, qui, amusée par cette vie nouvelle, le regarda écrire pardessus son épaule. Il inscrivit :

« Monsieur et madame Bénard, de Londres, venant de Paris. »

Colette, stupéfaite, fixa sur lui ses grands yeux, n'osant l'interroger. Le maître d'hôtel annonçait que le souper était servi dans la chambre, et s'apprêtait, un candélabre à la main, à les diriger. Ils le suivirent. Arrivés au premier, ils entrèrent dans une chambre luxueuse, sur laquelle s'ouvrait un petit salon, dans lequel étaient dressés deux couverts... Marius fit asseoir sa compagne, s'assit auprès d'elle. Le garçon sortant pour commencer le service, Colette dit :

— Pourquoi, Marius, avez-vous inscrit Marius

Bénard?... Je ne veux pas prendre le nom de mon père .. Je veux porter votre nom... Je le prends, quoi qu'il advienne, puisque je me considère comme votre femme ..

— Quoique je n'aie rien à craindre que des ennuis, mieux vaut les éviter... On peut nous faire rechercher; en agissant prudemment, en voyageant sous un autre nom, nous les dépistons... dans la résidence où nous nous fixerons, vous porterez mon nom.

Il se rapprocha d'elle et la contempla; ils se sourirent, il reprit :

— Colette, ma chère petite femme, pourquoi ton front reste-t-il soucieux?

— Je voudrais ne plus penser à ceux que j'abandonne.

— Ne parlons pas d'eux. C'est une vie nouvelle qui commence pour tous deux. Si tu savais combien je suis heureux, tu es à moi, bien à moi...

— Vous m'aimerez toujours ainsi?

— Comment voudrais-tu qu'il en fût autrement? ne me donnes-tu pas la plus grande preuve de confiance? Chasse bien vite les pensées qui assombrissent ton beau visage; persuade-toi que ce matin, conduite par ta mère et ton père, nous sommes sortis de l'église pour nous mettre en route... Mademoiselle Colette Bénard n'existe plus: c'est madame Debret qui se trouve ici près de son époux qui l'aime...

— Oui, je ne veux penser qu'à cela. Marius, mon mari !

— Ils se tenaient les mains ; il l'attira vers lui en disant :

— Nous sommes seuls, et je puis t'embrasser à mon aise, sentir tes lèvres tressaillir sous mes baisers, ô ma bien-aimée.

Ils s'embrassèrent longuement, elle s'abandonnait ; le garçon frappa à la porte. Ils se redressèrent vivement, lui souriant, elle rougissante, et Marius disant : « Entrez », elle se leva et se dirigea vers la croisée pour cacher sa rougeur. Le garçon servait. Marius se leva et vint près d'elle ; ils ouvrirent la fenêtre qui donnait sur un balcon, et, pendant qu'on préparait le dîner, ils s'accoudèrent sur la rampe, Marius passant son bras sur le cou de sa fiancée.

C'était une belle nuit d'été ; la tiédeur de l'atmosphère était à peine fraîchie par la brise qui venait des champs ; devant eux, entre deux rangées d'arbres dormait le canal dans lequel se reflétait le ciel tout constellé d'étoiles, sur les bords de l'eau l'air a des senteurs de goudron et de bois flotté, les arbres ont des chuchotements de feuillage, et cela les ravissait Ils trouvaient qu'il faisait bon vivre en ce lieu et à cette heure, et ce calme et ce silence ajoutaient à leur fièvre, à leur agitation ; parfois ils se regardaient, et leurs yeux avaient des lueurs étranges, ils se souriaient et ne parlaient pas.

Marius la prit dans ses bras et la ramena dans le petit salon...

— Viens vite souper, ma Colette.

Il dénoua les brides de son chapeau, le fichu de dentelles qu'elle avait au cou, il dégrafa le col de sa robe, et comme il l'embrassait sur le cou, elle le repoussa un peu en disant...

— Soupons...

Ils se mirent à table. C'était un très fin souper qu'on leur avait servi, mais c'est à peine s'ils mangeaient, Colette était fort gracieuse en arrachant de ses doigts mignons la carapace pourpre des écrevisses, le seul plat qu'ils dévoraient avec plaisir.

Ses lèvres et sa gorge la brûlant, elle cherchait à boire et ne voyait que du champagne dans les coupes.

— Pourquoi buvons-nous ce vin-là ?

— Nous sommes dans le pays, et c'est notre souper de noce.

En riant, elle dit :

— Vous avez raison. Voyez... je serai grise... C'est bon... c'est piquant...

Quand Colette reposait sa coupe, Marius la reprenait, s'appliquant pour boire à mettre sa bouche à la place où son aimée avait laissé la trace de ses lèvres.

Le souper était souvent interrompu par des baisers ; cependant, il fut rapide. Quand en riant et en passant la main sur son front, Colette dit :

— Mais c'est vrai, je suis grise.

Marius se leva et courut discrètement fermer la porte ; puis passant son bras autour de la taille de la jeune fille et l'embrassant, il l'entraîna vers le balcon ; là, abandonnée, la tête sur son épaule, elle dit :

— Quelle belle soirée... et qu'il fait bon vivre...

— Oui, ma bien aimée, vivre avec celle qu'on aime, vivre pour elle...

Il la tenait enlacée, elle plaça ses mains sur les épaules de Marius et lui dit en le regardant amoureusement :

— Oh ! c'est bien vrai... n'est-ce pas que tu m'aimes... que tu m'aimeras toujours... que tu es mon mari...

Doucement, se baissant, il tomba à ses genoux et solennellement il lui dit :

— Devant Dieu qui nous écoute, sur les âmes de ceux qui m'étaient chers, Colette, je te jure de t'aimer toute ma vie... Devant Dieu je te prends pour ma véritable épouse.

Et comme de ses deux mains il tenait la main de la jeune fille, il glissa à son doigt l'anneau de fiançailles ; dans un mouvement nerveux Colette serra la main et toute troublée, Marius s'étant relevé, elle se jeta à son cou, presque défaillante, fermant les yeux en répétant :

— Devant Dieu, je prends pour époux Marius Debret, je jure de l'aimer toute ma vie et de lui être fidèle jusqu'à la mort...

Et elle acheva : Je t'aime.

Le mot finit dans un baiser.

Colette était dans ses bras ; il la porta presque jusqu'à la chambre. Quand la porte se referma, qu'elle entendit glisser le verrou, qu'elle vit la tapisserie retomber, que, dans la clarté douteuse de la veilleuse, elle vit le grand lit dont la couverture relevée semblait les appeler, qu'elle se vit absolument seule, enfermée avec Marius, elle ressentit en elle une sensation inconnue qui la fit tressaillir, et, toute honteuse, troublée, n'osant plus bouger, sentant le rouge qui couvrait son front, elle cacha son visage dans ses mains. Ses lèvres rencontrant l'alliance, elle la baisa. Pendant le souper, Marius en l'enlaçant, en l'embrassant, avait dénoué ses superbes cheveux qui couvrirent ses épaules d'un flot d'or sombre.

Marius palpitant, fiévreux, dégraffait son idole, et faisait tomber à ses pieds sa robe et ses jupes; en quelques minutes elle se trouva devant lui presque nue, les bras gracieusement relevés, cachant son visage, dans l'attitude de la Phryné de Gérôme, ébloui comme Pygmalion devant son œuvre, il la prit dans ses bras et la souleva, elle jeta un petit cri, et il la porta sur le lit.

A moitié fou de bonheur, il disait des phrases inintelligibles, dans lesquelles seulement deux mots pouvaient se comprendre : « Je t'aime ! » Il arracha ses vêtements, ayant hâte de se trouver près de l'idéale beauté qui s'abandonnait; il la rejoignit en lui disant :

— Ma femme bien aimée.

. . . .

Ils dormaient, tout était silencieux dans la chambre, il faisait nuit encore, mais le jour allait poindre. Marius s'éveilla en sursaut, cherchant à se rendre compte de ce qu'il avait entendu. Il se leva, se revêtit à la hâte, évitant d'éveiller « sa femme », et, sortant de la chambre, il regarda si personne n'était entré dans le petit salon. Il entendit alors comme le heurt du pied sur un meuble ; le bruit paraissait venir d'une porte qui se trouvait dans un coin du petit salon, juste en face de celle qui ouvrait sur la chambre à coucher.

Les deux pièces occupées par Marius faisaient partie d'un vaste appartement, qu'on pouvait diviser en fermant par des verrous les portes de communication; selon le caprice du voyageur on pouvait louer quatre ou cinq chambres correspondant entre elles.

Marius inquiet poussa le verrou, entr'ouvrit discrètement la porte, mais s'arrêta aussitôt, fort embarrassé, car la chambre était éclairée, et en ouvrant la porte il avait poussé une chaise et ainsi révélé son indiscrétion. Il se dit qu'il valait mieux s'excuser en prétextant une erreur et il entra. Il eut un mouvement d'effroi et recula devant un épouvantable spectacle.

Un homme était étendu sur le parquet, la face contre terre, la tête dans une mare de sang que buvait déjà le tapis de couleur claire. Tout bouleversé, Marius n'osait pas crier; à aucun prix il n'aurait voulu que sa Colette eût à son réveil un semblable tableau devant les yeux... Il se disposait à réveiller les gens de l'hôtel, mais il pensa qu'il lui faudrait témoigner. L'incognito qu'il voulait garder serait révélé, sa fausse déclaration de la veille semblerait étrange... Il risquait un scandale, et là-bas, sa femme saurait la vérité...

En pensant à sa femme, à la vengeance qu'il préparait, il eut un mouvement et se dit :

— Si c'était possible ?

Il se baissa, mit la main sur le cœur du malheureux afin de voir s'il vivait encore ; ne sentant aucun battement, il souleva la tête, et surpris de sa hideur la laissa retomber aussitôt : le malheureux était complètement défiguré. Du pistolet qu'il tenait encore dans sa main — un pistolet d'arçon — il s'était tiré une balle sous le menton, toute la mâchoire en était ressortie, enlevant la face...

Marius, tout tremblant, sortit de la chambre sur la pointe des pieds, alla s'assurer que Colette dormait et referma doucement la porte, puis il écouta si dans l'hôtel rien ne bougeait. Tout était silencieux. Il revint près du cadavre. Il vit à côté de la bougie, sur la table de nuit, un papier qu'il n'avait pas remarqué d'abord. Il enjamba le corps pour s'approcher et mieux le voir. C'était une lettre de trois lignes ; sur un coin on avait déposé six louis et de la menue monnaie. Marius prit la lettre et lut :

« Je désire être enterré dans le cimetière de Châlons, sans qu'on sache qui je suis.

» La petite somme qui me reste servira à payer mon inhumation et la note de l'hôtel. »

C'est tout. Marius remarqua alors que dans la cheminée on voyait un petit tas de papiers brûlés.

Il reconstitua sans difficulté la scène qui s'était passée.

L'homme, qui par une raison quelconque voulait qu'on ignorât sa mort, avait d'abord brûlé tous les papiers qui auraient pu servir à faire constater son identité. Voulant qu'on ne reconnût pas son corps, il avait choisi une arme de gros calibre; en tirant sous le menton, tout le bas de la face avait été emporté et le projectile avait été briser l'os frontal et achever le massacre du visage. C'est ce coup de feu suivi de la chute du corps qui l'avait éveillé en sursaut, et le malheureux, dans sa dernière convulsion, avait frappé un meuble d'un coup de pied; c'est alors qu'il était venu.

Marius avait repris son sang-froid, et, tenant la ettre, il répéta :

— Si cela est possible, l'occasion est trop belle pour n'en pas profiter.

Il brûla la lettre à la flamme de la bougie et la jeta dans la cheminée. Il s'agenouilla près du cadavre et s'assura qu'il n'avait rien dans ses poches. Il chercha dans la chambre si l'individu n'avait ni malle, ni valise — rien ! Marius fouilla dans son portefeuille, en retira différents papiers, y laissa une carte d'électeur, des cartes de visite, l'assignation pour comparaître à l'enquête ordonnée dans son procès en séparation, puis il glissa le portefeuille dans la poche du suicidé, moite de sueur, il s'assura que personne n'avait pu le voir, et rentra dans le petit salon en poussant le verrou. Il revint dans sa chambre à la lueur de la veilleuse, il se vit dans la glace : il était livide.

Il essuya son front, ouvrit doucement la fenêtre et respira longuement. La nuit était calme, sereine, le ciel rempli d'étoiles, l'air embaumé. Avec un sourire amer plein d'ironie et d'amertume, il dit :

— Maintenant, ma femme est veuve... nous verrons bien si elle ne fera pas ce que je rêve...

L'air frais de la nuit en entrant dans la chambre avait réveillé la nouvelle madame Debret, qui, tirant frileusement ses couvertures jusque sous son menton, appela :

— Marius... j'ai froid.

En entendant cette voix aimée, il sursauta, passa la main sur son front pour en chasser les pénibles pensées qui l'assaillaient; craignant que Colette ne fût étonnée de le voir habillé à cette heure, il s'expliqua en disant :

— L'émotion, le bonheur que j'éprouve à te posséder enfin, mettent dans mon sang une fièvre qui me dévore; j'étais près de toi, sans pouvoir dormir, je t'admirais ravi. Te voyant lasse, fatiguée, je voulais te laisser reposer, et craignant de ne pouvoir résister à la tentation, au désir d'embrasser ton sourire sur tes lèvres entr'ouvertes... je me suis levé... Quelle nuit superbe ! la splendeur de cette nuit étoilée est faite pour nos fiançailles.

Colette attira sa robe jetée sur un fauteuil près du lit; se redressant dans le lit rapidement, elle la revêtit, et échevelée, dépoitraillée, plus indiscrètement nue, dans son désordre, mais confiante dans la décence de sa toilette, elle sauta sur le tapis et courut rejoindre Marius sur le balcon. Il la reçut dans ses bras, et la tenant enlacée, il s'appuya avec elle sur la balustrade du balcon. Elle le sentit trembler.

— Qu'avez-vous — elle se reprit vivement, il l'avait suppliée de ne plus lui dire « vous » — qu'as-tu, tu trembles...

— Rien, rien, s'empressa-t-il de répondre, un tressaillement d'impression en te sentant dans mes bras...

Elle se soumit, et, câline, se serra contre lui. Il ne pouvait lui dire la cause de ce tressaillement; en se tournant pour lui tendre les bras, au bout du balcon, il avait vu la fenêtre de la chambre du suicidé. Il dit à Colette :

— N'est-ce pas, ma mie, qu'il fait bon vivre pour s'aimer, n'est-ce pas, c'est pour nous que Dieu a fait cette nuit sereine et étoilée, pour fêter nos épousailles.

— Que c'est beau et bon, disait Colette émerveillée,

aspirant à pleins poumons l'air chargé de senteurs nouvelles pour ses sens de Parisienne. La nuit s'achevait, l'aube allait naître.

— Nous allons voir se lever le jour...

— Oui, dit-elle... l'image de notre amour : il va se lever radieux dans cet air parfumé, éclairant tout, animant tout, donnant la vie... Il fait bon vivre...

Et bien serrés, l'un contre l'autre, les cheveux mêlés, accoudés sur le balcon, ils regardaient les étoiles pâlir. La promenade qui s'étendait devant eux avait dans l'ombre l'aspect d'une immense forêt; le Jard était désert, quelques paysans qui venaient en ville troublaient seuls le silence. Ce calme impressionnait vivement Marius et Colette, et pensifs ils admiraient cet arrachement du jour de ce chaos. La nuit devenait moins intense; à l'horizon, au-dessus des arbres du Jard, loin, loin, bien loin, une lueur cherchait à traverser le ciel sombre; la nature semblait endormie; par les chemins, dans les rues, dans les sentiers du parc, sur les bords du canal, tout se taisait, tout était silencieux, ils entendaient au loin le grondement de l'eau débordant au-dessus de l'écluse.

Colette aurait voulu, au bras de Marius, courir dans les touffes mystérieuses du bois, sur les bords de cette eau, suivre l'étroit sentier où jusqu'à mi-jambes ils se seraient enfoncés dans les herbes humides.

Les horloges des églises sonnèrent à la fois sur

des tons différents, des notes de carillon. Il était quatre heures.

Le gris envahissait la nature, la terre fumait, la brume tombait... Colette et Marius se serraient plus forts, frissonnant — à ce point, que ne voulant pas s'arrêter à ce spectacle, — le jeune homme courut arracher la courte-pointe du lit, une tapageuse broderie de soie et d'or, qu'il jeta sur leurs épaules, et qui les drapa comme un manteau royal. Bien chaudement couverts, ils humaient cette buée qui montait comme l'haleine de la terre, et ne leur laissait voir l'eau qu'à travers un nuage, donnant au canal l'immensité d'un lac.

A mesure que dans le ciel, à l'horizon, le jour piquait, la promenade, le parc, le canal, les pelouses s'embrumaient, et des plantes écrasées par l'humidité des rosées, de toutes les poussées sous bois, se mêlant aux émanations de la flore d'eau : le chenevis, l'oseille à crapaud, l'herbe à puces, s'échappait un parfum âcre et dur.

Les deux amoureux se regardaient en souriant, car, avec le jour qui éclairait peu à peu de tous côtés, autour, d'eux tout s'éveillait ; mille bruits confus, gais comme une chanson pour la petite Parisienne, leur arrivaient : les coqs qui chantaient, les chevaux qui hennissaient, les chiens qui aboyaient, les fouets qui claquaient.

Par les allées du Jard, surtout par la grande rue de Marne, les paysans et les ouvriers allaient au travail, perdus dans les buées de l'aube, semblables à des fantômes, — remarquait Marius en frissonnant — qui, de retour d'une nocturne promenade, vont regagner leur tombe...

Colette s'amusait à remarquer le réveil bruyant de l'auberge voisine, dont les portes s'ouvraient toutes grandes, — à voir de gros chalands et des marnais endormis sur le canal, comme d'immenses tortues, leur dos se soulever, et des hommes sortir et sauter à terre.

Dans l'auberge, les mariniers et les charretiers vont boire. Les peaux tannées, les mains rudes, les têtes coiffées d'un mouchoir cachant les oreilles frileuses, torses robustes que des blouses bleues enveloppent, les pieds engloutis dans les bottes immenses et le fouet passé sur le cou.

Du balcon, on les entend sacrer, jurer, rire et chanter. Ils se font servir dehors, pour surveiller les chevaux, sur une table près de l'auge : le vin rosé des Ardennes rit dans les verres : ils tuent le ver.

Elle riait, s'amusant comme au théâtre, la gentille Colette ; elle aurait voulu être en bas, non à l'auberge, mais dans ce parc, qu'on distinguait à peine et qui semblait profond comme un bois. Elle jugeait par ce qu'elle ressentait en dominant le tableau ; elle aurait voulu piétiner dans l'herbe, elle se disait que les bois devaient embaumer le matin, qu'elle aurait eu du plaisir à mouiller son front aux branches humides des rosées. Ce matin était sain pour elle ; elle aspirait à pleine poitrine, il lui semblait que le sang courait plus vif dans ses veines, que ses muscles étaient plus souples et plus forts ; elle se disait, au milieu de ce réveil puissant qui la secouait, que l'existence était douce et qu'il faisait bon d'aimer... car, se tournant vers Marius, dont le front se plissait, elle jeta les bras autour de son cou, et, l'œil luisant, ses lèvres tremblantes, l'embrassant, elle soupira :

— Que je t'aime.

Marius lui rendit son baiser, et sans quitter ses lèvres des siennes, l'enleva dans ses bras, la porta sur son lit et referma la fenêtre... et les rideaux mêmes... parce que le soleil reprenait ses droits, les buées, les brouillards s'évaporaient : le jour était...

Si l'auberge était bruyante, l'hôtel dans lequel était descendu Marius était toujours calme. On y dormait profondément.

Vers huit heures, seulement, Marius sauta du lit tout bouleversé. Il réveilla Colette endormie, qui lui demanda, étonnée, pourquoi, un matin de noces, il se levait si tôt. Marius prétendit qu'il n'y avait qu'un train possible par jour pour aller à Strasbourg, et pour prendre ce train il fallait être prêt avant une demi-heure.

Avec le jour, Colette retrouvait son embarras pudique, et en souriant elle répondit :

— Pendant le temps que vous allez régler l'hôtel, je me préparerai...

Marius se hâta de s'habiller — s'il voulait partir,

c'est qu'il craignait qu'on ne s'aperçût du suicide de la nuit — et si Colette entendait dire que dans les poches de l'inconnu on avait trouvé un portefeuille et des papiers révélant que la victime était un nommé Marius Debret !... que penserait-elle ?

Il faudrait lui raconter le plan qu'il poursuivait, il ne le voulait à aucun prix. Colette obéissante fut rapidement prête pour le départ. Marius était très inquiet, il craignait que le moindre incident n'amenât la découverte du suicide, et il avait hâte d'être loin. C'est avec plaisir, qu'enfin partis de l'hôtel, il fit monter Colette dans le compartiment et se plaça à côté d'elle. La jeune femme remarquait l'agitation de son aimé, et l'attribuait à l'émotion ressentie par sa possession. Marius lui donnait toutes les raisons pour qu'elle eût ce sentiment d'orgueil, lui prenant tendrement les mains, et l'enveloppant de ses regards pleins d'amour et de passion. Tandis que pelotonnée dans un angle du wagon, les yeux demi-clos, Colette se souvenait en rougissant de la nuit passée à l'hôtel, Marius, la tête à la portière, regardait le cadran de la gare, trouvant que l'aiguille ne marchait pas et que les dix minutes d'arrêt ne finissaient plus.

Les grondements de la machine, les sifflements, le coup de cloche, signal du départ et de l'ébranlement du train, le rassurèrent, et c'est en exhalant un soupir de satisfaction qu'il quitta la portière pour venir se placer à côté de son adorée. Celle-ci sursauta toute confuse comme sortant d'un rêve et lui demanda parlant vite, pour cacher son trouble, craignant surtout que Marius n'eût deviné sur son front les pensées peu chastes qui hantaient son cerveau.

— Pourquoi restais-tu à la portière... qui regardais-tu ?... Et en riant : Déjà tu m'abandonnes.

— Ne dis pas cela !... de belles lèvres comme ça, mentir ! — il les embrassa.

— Se tromper ne serait pas mentir... Que regardais-tu, tu as reconnu quelqu'un ?

— Non, ma belle Colette.... non ! Mais je voulais être avec toi seule, je voulais pouvoir te redire que je t'aime... et je me plaçais à la portière afin d'empêcher les indiscrets de venir avec nous ; nous sommes seuls et...

Il se mit à ses genoux et, lui prenant les mains et les couvrant de baisers... il acheva :

—Je puis à mon aise te dire ce que mon cœur éprouve depuis hier, je suis ébloui par ton regard, j'ai le cœur plein d'amour et ma lèvre a tant bu au calice des tiennes que je suis comme un homme ivre... Tout est plus beau autour de moi, jamais je n'ai vu de matin semblable à celui de ce jour. De ces plaines que nous traversons, il vient un parfum que je n'ai jamais senti ; il me paraît, ô Colette ! que ta beauté, comme un soleil, illumine et fait revivre tout...

— Mais regarde-moi donc, fit-elle ingénuement en souriant, je suis toute rouge de t'entendre, veux-tu ne point dire des folies comme ça...

— Je parle sans réussir à t'exprimer ce que je

ressens. C'est bête comme tout de dire : Je t'aime ! et si tu savais ce que je mets dans ce mot...

— Je le crois, fit-elle en penchant sa tête vers lui. Moi aussi je t'aime.

— Tu m'aimes bien, n'est-ce pas?... tu m'aimeras toujours ?

— Toujours... même si tu ne le méritais pas... Oui, je t'aime bien, Marius, et la preuve, c'est que ce matin je suis bien heureuse... c'est que je ne regrette rien... Et quand j'aurai écrit à mon père... quand je lui aurai dit toute la vérité, je crois qu'il me pardonnera... Voilà ce que je voudrais, Marius, une lettre d'eux me disant : Nous t'aimons toujours !

Et en parlant ainsi, deux grosses larmes roulaient dans ses yeux; Marius s'empressa de se relever, de prendre dans ses bras sa Colette, et de boire dans un baiser ces bonnes larmes du cœur. Les pensées tristes s'envolèrent aussitôt. Colette s'amusait de voir la farandole que semblaient danser les arbres et les petites chaumières du hameau devant lesquels l'express passait. Elle eut une joie d'enfant en arrivant à la grande station, de dîner au buffet, à table d'hôte, à côté de son « mari »; le va-et-vient des garçons empressés, les cris des employés du chemin de fer annonçant le départ, la précipitation obligée... tout cela était nouveau pour elle, et c'était charmant. De plus, elle était avec l'époux qu'elle avait choisi, dont chaque mot était une tendresse, chaque mouvement une caresse, et dans son cerveau elle envisageait l'avenir ainsi.

C'est blottie dans les bras de Marius que remontée dans le compartiment , elle s'assoupit, que, respirant à pleins poumons l'air embaumé qui entrait par les vitres baissées, le voyage s'acheva. A un arrêt, elle remarqua que Marius paraissait inquiet ; elle lui en demandait la cause, et il répondit en riant :

— Nous sommes à la frontière et je pense que je n'ai pas de passeport.

— Oh ! mon Dieu !... Il faut un passeport...

— Ce n'est pas obligatoire... Mais on en demande aux gens suspects.

— Dieu merci, nous ne sommes pas de ceux-là... Des nouveaux mariés, ajouta-t-elle en riant, — ça ne doit être suspect à personne.

Ce fut encore une agréable impression, toute nouvelle et mêlée de crainte, que la descente du wagon pour la visite des bagages à la frontière.

Colette se trouvait dans une vie nouvelle ; tout cela se succédait si rapidement qu'elle en était comme étourdie. Depuis la veille, il s'était passé tant de choses ! Dans le magasin où elle était employée comme première ouvrière, elle avait déclaré qu'elle partait à l'étranger, ayant trouvé une place supérieure à celle qu'elle occupait.

Cela s'était terminé rapidement ; de ce côté, sa disparition ne pouvait pas être remarquée. Chez ses parents, elle avait dit qu'ayant obtenu un congé de deux jours à son magasin, elle désirait l'employer à rendre une visite à son amie Christiane, et bien vite les braves gens, heureux de lui être agréables, lui avaient dit de passer les deux jours près de son amie. C'était sa mère qui avait mis dans la valise une chemise, des bas, des cols, des manchettes et un petit nécessaire de toilette ; le père avait insisté pour qu'elle prît son manteau malgré le temps chaud : il l'avait bouclé dans une courroie. Ainsi elle pouvait facilement l'emporter, et elle ne risquait pas d'avoir froid si les soirées étaient fraîches.

C'est en riant qu'on avait fait les apprêts de son petit voyage... Les braves gens étaient pleins de confiance ; ils la croyaient à Montmorency, ils étaient tranquilles, mais le lendemain on l'attendrait... et ne la voyant pas revenir... que se passerait-il ? Ceux qui l'aimaient ne croiraient pas à son abandon et à sa trahison, ils supposeraient un accident, l'attente se prolongeant, ils se douteraient d'un malheur... Les pauvres bons et braves, ils pleureraient, pendant qu'heureuse elle se pendrait au cou de son Marius, échangeant un baiser.

Il ne fallut pas une seconde pour que cette pensée traversât son cerveau ; elle tressaillit et dit à Marius :

— Pendant la visite des bagages, je vais adresser une dépêche chez nous ; je veux qu'ils sachent bien que je vis...

Marius en l'entendant parut embarrassé, et répondit :

— A quoi bon une dépêche ? dans deux heures ils

la recevront, tu vas les tourmenter, et toute cette journée ils seront tranquilles...

— Mais, en ne me voyant pas revenir demain, ce sera épouvantable... s'ils ne sont pas prévenus...

— Mieux vaut écrire; dans une lettre, tu leur donneras quelques explications... et ils ne la recevront que demain, quelques heures avant le moment où ils espèrent te revoir.

— Oui, je vais écrire, fit Colette attristée.

Et pendant que les voyageurs déjeunaient hâtivement, elle écrivit quelques lignes rapides; la jeune fille pleurait en faisant sa lettre, Marius, très inquiet, s'était placé devant elle afin qu'on ne remarquât pas sa douleur.

Quand l'employé cria :

— Les voyageurs pour Strasbourg en voiture.

Colette glissa vivement sa lettre sous enveloppe, en écrivit l'adresse et demanda :

— Où la mettre à la poste ?

Le garçon du buffet s'offrit, mais Marius prit la lettre en disant :

— Vite, vite, monte en wagon; je vais la jeter dans la boîte... baisse ton voile, on voit que tu as pleuré.

Colette, obéissante, ramena vivement la dentelle sur son visage. Marius la conduisit à leur compartiment, la fit monter et dit :

— Je cours jeter la lettre à la boîte... Il reprit la même porte par laquelle ils étaient sortis. Dans la gare, il déchira la lettre et la jeta; puis il traversa la salle du buffet et se retrouva sur le quai. Colette, inquiète, ne voulait pas qu'on fermât la portière du wagon. Quand elle vit apparaître Marius, son visage se rasséréna. Il était temps. Avant qu'il fût en place, le train se mettait en marche.

— J'allais sauter sur le quai en ne te voyant pas venir, dit Colette.

— Ma chère petite femme... c'est que la boîte aux lettres se trouve dans la salle d'attente...

— Je croyais qu'elle était sur le quai...

— Oui, il y en a une, fit Marius en rougissant... C'est la poste allemande. J'ai voulu la mettre à la poste française...

— Et elle va partir aujourd'hui?

— Tout à l'heure, par le train que tu as vu rentrer en gare quand le nôtre se mettait en marche.

Dans ses larmes, Colette eut un sourire, et elle dit avec un soupir de soulagement :

— Je suis plus tranquille, maintenant... ils vont bien souffrir... mais, ma pauvre chère mère saura que je vis...

— Eh bien, il faut aujourd'hui chasser cette tristesse; il faut redevenir ce que tu étais il y a deux heures...

— C'est fini!...

Et elle dit cela en sanglotant. Marius la prit vivement dans ses bras et l'embrassa, voulant de ses baisers sécher ses larmes. Il faut bien le reconnaître, sous les caresses de son « mari », Colette se consola, le sourire revint rapidement sur ses lèvres, les tristes pensées s'envolèrent. La jeune fille se reprit au charme de son voyage. C'était un dimanche, et dans les gares devant lesquelles passait l'express, elle regardait, toute surprise et émerveillée, les voyageurs qui attendaient dans leur costume de fête; elle était gaie, et elle remarqua que Marius, sombre, s'enfonçait dans le coin du wagon : il souffrait en traversant ce vieux coin de France dans lequel l'étranger régnait, cette terre d'Alsace pour laquelle il avait combattu. Colette le comprit en voyant les uniformes des soldats qui gardaient les gares, et c'est elle qui vint consoler son ami en s'asseyant près de lui, en s'efforçant de détourner son attention.

Dans la soirée, ils entraient à Strasbourg. En arrivant à l'hôtel, penchée sur l'épaule de Marius, elle rougit de plaisir en le voyant écrire sur le livre des voyageurs :

Monsieur et Madame Debret, négociants de Londres, se rendant à Baden-Baden.

III

LA SÉPARÉE

Nous avons rapidement raconté les incidents sur-
venus à la suite du prononcé du jugement qui sépa-
rait Marius Debret de Suzanne Haudin, son épouse.

La brune Suzanne était heureuse de son succès
inespéré, car elle savait ce que valaient ses déclarations; le tribunal, encore plus aveugle que son mari,
lui accordait la liberté, c'est-à-dire le droit de mal
faire et une rente de sept mille deux cents francs. Si
elle ne l'avait déjà fait, en allant raconter ses mal-
heurs la veille de l'audience au président, elle était
prête à l'embrasser en l'entendant la faire libre et
riche.

C'est vers elle que nous ramenons le lecteur, au
moment où la jeune femme, accompagnée de son

amie Angèle, se dressait dans la voiture découverte, se retournait vers son mari menaçant, le regardait en éclatant de rire et lui faisait un pied-de-nez.

— Ne fais pas cela, disait l'amie Angèle, la tirant par sa robe pour l'obliger de se rasseoir, tu le rendras fou, et dans un mouvement de colère, il est capable de faire un malheur.

— Lui..., je lui en ai fait voir de plus cruelles que ça, dit Suzanne en s'étendant sur les coussins de la voiture, et il n'a rien fait... Il crie et c'est tout... Dans cette grande salle cependant j'ai eu peur ; tu as vu, il avait l'air bien résolu, et il s'est arrêté...

— Tu veux dire qu'on l'a empêché... sans l'avocat il te frappait...

— Eh bien, je ne lui ai pas de reconnaissance à celui-là, à son avocat, maître Robin ; le jour où je pourrai le lui prouver, il en jugera... En voilà une sale bête... As-tu entendu comme il m'a arrangée ?... Tous ceux qui veulent de moi n'ont qu'à faire un signe.. J'ai eu pour amant tout le monde de ma maison, depuis le propriétaire jusqu'au portier... Tout le quartier me connaît... Mon enfant était de tout le monde..., mais il n'a pas pu dire de qui, toujours.

— Il a même dit que toi-même ne le pouvais pas...

— C'est vrai, il a dit ça, ce grand mal ficelé-là... Ma chère, si je ne m'étais pas retenue, je lui envoyais mon ombrelle à la figure... Je n'osais pas lever la tête, c'est qu'il m'avait désignée du regard en disant : Nous ne sommes point tenus au respect qu'un

homme doit à toute femme, car cette créature ne mérite pas ce nom; elle a dépassé l'image du poète :

> Et qui n'a pas le temps de nouer sa ceinture
> Entre l'amant du jour et celui de la nuit...

« Elle a depuis longtemps jeté sa ceinture, et sa
robe est toujours ouverte... »

Vois-tu un peu ce vilain-là s'il a le droit de
dire ça...

Et les deux femmes éclatèrent de rire...

— Enfin maintenant tu es tranquille sur l'avenir
et tu es libre.

— Dieu merci!... Tiens! exclama la jeune femme.

— Quoi donc?

— Vois-tu là-bas ce gros bonhomme blond... avec
ces types.

— Qui a l'air d'un Anglais.

— Oui, c'est le patron de mon mari, M. Davilson;
si Marius a la place qu'il occupe chez lui, il peut dire
que c'est grâce à moi.

— Ah! fit Mlle Angèle en regardant son amie en
riant, très bien!

— Oh! il y a longtemps, nous ne sommes plus
bien ensemble. Il est avec de singuliers individus.

— Ce sont des tripoteurs d'affaires, ils sortent du
tribunal de commerce. Mais, pour assurer ta pension, tu seras peut-être obligée de le revoir.

— Oh! ça m'est égal... Mais j'aurais dû faire arrêter

et lui demander si Marius a toujours de l'argent chez lui... Nous sommes trop loin maintenant.

En effet, la voiture qui avait dû s'arrêter un peu sur le Pont-au-Change, à cause d'un encombrement, et qui avait permis à Madame Debret de voir Davilson sortir du tribunal de commerce, avait repris sa course.

— Ma chère, si tu savais le tremblement qui m'a pris pendant le prononcé du jugement, quand je t'ai pris le bras.

— Tu avais peur....

— Oui... je n'espérais pas ce résultat... au fond, tu conçois qu'ayant eu mon enfant quand nous vivions séparés, je ne croyais pas qu'il serait possible de le mettre sur le compte de mon mari qui affirmait le contraire... Ça a passé tout de même. Ce que Marius doit être dans une rage... Il avait dit un jour que si je lui donnais son nom il le tuerait, pauvre petit.

J'eusse aimé mieux perdre ce procès et l'avoir encore...

— Pourquoi lui avais-tu donné le nom de ton mari... Ça lui a porté malheur...

— C'est vrai... j'aurais dû le déclarer de mère inconnue... pauvre petit être... — Et la jeune femme essuyait les larmes qui mouillaient ses yeux ; ne parlons plus de ça !

— Non, c'est se faire de la peine inutilement... Parlons de toi. Qu'est-ce que tu vas faire ?

— C'est bien simple ; maintenant la comédie est jouée, je n'ai plus de ménagements à garder. D'abord, je vais me louer un appartement convenable, m'habiller à ma fantaisie ; il était nécessaire pendant l'enquête que je fusse très besoigneuse, c'est pour cela que j'avais loué ce petit logement, avec ce mobilier de pauvre... et la fameuse machine à coudre à laquelle, la nuit rentrant épuisée de mon travail, je faisais la modeste toilette, où malgré la misère se reconnaissait un goût exquis, le goût, cette élégance du pauvre. C'est mon avocat qui l'a dit, fit Suzanne en riant, j'en rougissais jusqu'au bout du nez. Je veux avoir un chic appartement, tu verras ça.

— Où tu pourras recevoir Caniel.

— Eh bien, ma chère, en changeant d'allures et d'existence, je me ferais peut-être du tort près de lui. Ce qui le charme en moi, cet imbécile, c'est ma situation de pauvre femme abandonnée, obligée de vivre péniblement par son travail... il me respecte, tu sais, il me fait la cour respectueuse d'une fiancée, et je suis sévère comme si c'était arrivé... Je serais veuve... je te parie qu'il m'épouserait...

— Tu n'as pas besoin de ça pour avoir de lui tout ce que tu voudras...

— C'est vrai... mais ça ne fait rien... si je pouvais l'amener à vivre avec moi !

— Tu ferais cela... un collage ! perdre ta liberté.

— En voilà des bêtises ; parce que je serais avec un homme, je serais moins libre ! C'est à se tordre ! Quand j'étais avec mon mari, j'ai toujours fait ce que je voulais, et lui n'en pourrait pas dire autant.

— Je ne te conseille pas de faire ça...

— Je n'en ai pas l'intention, au reste.. Je vais dire à Caniel que, dans mon procès, je perds les quelques ressources que j'espérais ; la condamnation de mon mari est illusoire, parce qu'il refuse de payer... et je l'amènerai à m'offrir ce que je veux avoir ; après nous verrons... Mais d'abord, nous allons chez ma couturière, qui va me livrer un autre costume ; celui que j'ai était trop de circonstance, il est trop dans la note de mon avocat : « Il n'a que le goût, cette élégance du pauvre ». Nous sommes arrivées.

— Descendons-nous ? Réglons le cocher...

— Non, non, gardons la voiture ; en sortant, nous irons faire un tour aux Champs-Élysées ; c'est bien le moins que ce soir nous vivions gaiement... entre amies... nous dînerons ensemble...

— Oui, ma chérie...

Les deux femmes descendirent de voiture et entrèrent chez la couturière.

La charmante personne qui était si satisfaite d'être séparée de son mari, Suzanne, avait de vingt-cinq à vingt-six ans. Grande et élancée, sa démarche se ressentait de sa longue taille, elle traînait un peu ses pas dans un balancement constant. Quoique mince de buste, la gorge était opulente, la tête avait des penchements lascifs, la taille était bien faite, les bras longs, les mains fines, mais les attaches un peu lourdes. Elle avait de superbes cheveux bruns qui seyaient admirablement à la pâleur de son teint ; le nez était fin, délicat de dessin, très légèrement relevé, d'une forme gaie, comme l'œil riant et vif dont le regard brillait d'un feu troublant. La bouche était peut-être un peu grande, mais les dents étaient magnifiques et les lèvres lourdes appelaient le plaisir.

Quand son corps gracieux se penchait sur vous, quand sa tête vous offrait son sourire, les lèvres avaient des frémissements qui parlaient aux sens, et les yeux des langueurs qui vous troublaient. Il ne fallait observer que quelques instants la belle Suzanne Debret pour comprendre qu'il lui suffirait de vouloir pour bouleverser le cerveau de celui qui la regardait, pour perdre celui qui l'aimerait.

On aurait cru que Suzanne était faible en considérant l'ensemble de son visage, qu'elle était prête à tout. Suzanne était forte, au contraire, mais elle était légère, ce qui n'était que caprice ne laissait pas de trace ; — il s'envolait avec le désir satisfait. Entre le bien et le mal elle ne distinguait guère : ce qui lui plaisait était le bien.

Elle avait beaucoup aimé son mari... mais il était trop honnête pour elle, elle disait « trop popotte », et, l'ayant beaucoup aimé, elle l'avait beaucoup haï ; elle le détestait cordialement et lui souhaitait tout le mal possible. Si elle ne désirait pas sa mort, le seule cause en était dans la phrase cynique qu'elle avait prononcée en sortant de l'audience.

— « Qu'il ne se tue pas, surtout ; je tiens à mes rentes ! »

Angèle, l'amie de madame Debret, était du même âge qu'elle, un peu moins grande, et brune comme elle; assez jolie, l'air effronté, en toilette tapageuse, elle attirait les regards. Elle se disait veuve et avait quitté son mari. — Dans le procès, maître Robin, pour établir la conduite de Suzanne par ses relations, avait qualifié Mlle Angèle de femme de mauvaise vie, — et celle-ci, sans rougir, avait dit tout bas à Suzanne :

— Mauvaise vie... il serait encore bien content de la passer avec moi.

En sortant de chez la couturière, les deux femmes se firent promener jusqu'au Bois, puis revinrent souper chez Doyen, et après avoir été faire un tour dans un théâtre, elles rentrèrent chez Suzanne, qui offrit l'hospitalité et la moitié de son lit à son amie.

Le lendemain, Angèle partait, promettant à Suzanne de lui chercher et de lui trouver un petit appartement près du sien. La séparée, seule, se rendit à ses affaires, c'est-à-dire près de son avoué, afin de le presser pour l'exécution du jugement. Celui-ci lui demanda si elle était certaine que le petit capital qui appartenait à son mari était toujours placé dans la maison où il était employé.

— Je le crois, à moins qu'il ne l'ait retiré récemment... Il n'avait rien quand nous nous sommes quittés... C'est depuis qu'il a gagné ça — je vous l'ai dit — et je l'ai su par M. Davilson lui-même... un jour que j'ai été chez lui...

Elle paraissait un peu embarrassée ! l'avoué n'y fit pas attention et reprit :

— Il serait utile que vous fissiez une nouvelle démarche pour vous renseigner si, ainsi que vous me l'avez dit, vous pouvez compter sur la discrétion de ce monsieur.

— Oh ! assurément, fit Suzanne en riant, ce n'est pas lui qui racontera à mon mari qu'il me voit quelquefois.

— Ce renseignement nous serait utile au cas où, ayant repris des fonds, il les aurait placés ailleurs, dans une affaire ; nous aviserions aussitôt, sans lui laisser le temps de les mettre à l'abri.

— Je vais y aller aujourd'hui même et je viendrai vous dire ce que j'aurai appris.

Après quelque minutes d'entretien sur sa situation nouvelle, Suzanne partit se rendant rue de la Grange-Batelière, aux bureaux de la maison Davilson.

Avant de descendre de voiture, elle s'assura que son mari ne se trouvait pas sur son passage, elle baissa son voile, s'engonça dans son manteau, pour n'être pas reconnue, sauta à terre et, comme quelqu'un qui connaît bien la maison, se rendit en courant aux appartements particuliers de M. Davilson.

Au domestique qui vint ouvrir, elle remit sa carte sous enveloppe. Immédiatement le banquier reçut la jeune femme dans le petit salon qui précédait sa chambre à coucher.

— Excusez-moi de vous recevoir en négligé... il paraissait inquiet. Suzanne releva son voile ; la voyant sourire, il se rassura et dit gaiement en lui prenant la taille pour la caresser : et permettez-moi de vous dire bonjour.

— Voyons, soyez raisonnable, fit-elle en se dégageant après s'être laissée embrasser, je viens vous parler sérieusement.

— Voulez-vous entrer dans ma chambre...

— Non, non, restons ici... et asseyez-vous là, devant moi ; restez tranquille et écoutez-moi. Vous savez le résultat de mon procès avec Marius?

— Il est venu hier... Il m'a dit le jugement, il était comme un fou ; il s'est enfermé dans son bureau ; et il y était encore à minuit.

— Oui, ça ne lui est pas bien agréable de m'entretenir malgré lui... Il a toujours la même situation chez vous...

— Mais oui ; pourquoi me demandez-vous cela ?... et Davilson observait la jeune femme cherchant à deviner sa pensée. Elle continua :

— Je veux vous prier, monsieur Davilson, de me parler franchement...

Le banquier était inquiet et son regard était gêné de rencontrer les yeux clairs de Suzanne. Elle continua en souriant : Je sais que vous me portez intérêt, que vous m'aimez un peu, en bon ami...

— Même mieux que ça, dit Davilson, qui se rassurait au ton de la question.

— Je voudrais savoir si mon mari a toujours chez vous la somme qu'il y avait placée.

Davilson eut un tressaillement. Que devait-il répondre ? la vérité ? Non, il avait un plan de conduite ; et se remettant, c'est avec légèreté, en essayant de prendre la taille de Mme Debret, qu'il lui dit :

— Mais certainement... Voulez-vous vous en assurer en le lui demandant à lui-même ? je puis le faire appeler...

— Non, non, ne plaisantez pas, c'est sérieux.

— Oui, ma chère Suzanne, ces fonds sont chez nous...

— Merci... je me retire, parce que j'ai beaucoup de courses à faire.

— Comment, vite, comme ça ! sans une caresse ?

— Embrassez-moi, et bien vite... on m'attend chez l'avoué... Mais je reviendrai probablement vous voir...

— Sur cette promesse je vous laisse partir... au revoir.

Il l'embrassa et la conduisit jusqu'à sa porte. En rentrant chez lui, il pensait...

— En disant qu'il avait repris son argent, je compromettais tout.

Suzanne remontait en voiture et se faisait reconduire chez l'avoué, puis tranquille, assurée qu'elle n'avait plus qu'à attendre chez elle l'exécution du jugement, elle regarda l'heure à sa montre et dit :

— C'est l'heure du déjeuner, et depuis dix minutes ce bon M. de Caniel m'attend devant les marches de la Madeleine.

La jeune femme se fit conduire à son rendez-vous; un homme d'une trentaine d'années l'attendait, elle se dirigea vers lui, il l'accueillit en souriant.

— Je suis en retard, excusez-moi.

— Pas du tout, et vous n'avez pas besoin de vous excuser; c'était déjà du plaisir de vous attendre, par l'anxiété que j'éprouvais.

— Vous craigniez que je ne vinsse pas?

— Je vous sais trop gracieuse, trop aimable, pour me donner cette peine.

— Et puis j'ai fait des courses ce matin, je suis sortie de très bonne heure et j'ai faim.

— Si vous le voulez, nous allons déjeuner chez Durand.

— Allons, fit-elle en lui prenant familièrement le bras.

Quelques minutes après, ils étaient attablés l'un devant l'autre. Suzanne, les deux coudes sur la table, caressant ses doigts, les détirant pour dissiper la crampe que leur avait donné le gant, demanda :

— D'où venait donc l'anxiété dont vous me parliez tout à l'heure ?

— Ma chère Suzanne, je craignais qu'il ne vous fût impossible de venir.

— Et pourquoi donc ?

— C'est hier que s'est terminé votre procès.

— C'est moi qui vous en ai avisé par un mot.

— C'est vrai et je vous en remercie... Ce matin, j'allai chez un tapissier ; je ne sais à quel propos ; il me parla d'objets qu'il avait achetés à très bon compte, et que je remarquai. Il me dit que ce mobilier venait d'un individu qui agissait sans conscience, en colère, et paraissait se disposer à faire un mauvais coup ; il le croyait un peu fou.

Il liquidait toutes ses affaires pour être libre. — Sa femme qui nous écoutait, lui demanda : De qui parles-tu donc ? — De monsieur Debret, répondit-il...

— Ah ! fit Suzanne qui pâlit en apprenant que son mari préméditait un mauvais coup ; probablement il se préparait à se venger.

— Il s'agissait de votre mari, et j'avais hâte de vous voir — ne vous accusant pas de votre retard, pensant qu'il était nécessité par vos affaires — pour vous prévenir et me mettre à votre disposition. Cet homme veut se venger, et il se débarrasse de tout ce qu'il a pour fuir aussitôt son coup tenté, vous courez donc un danger permanent. Il faut vous mettre à l'abri.

— Vous avez raison, dit Suzanne d'un ton craintif ; que faire, prévenir la police ?

— Oh ! non. Je suis là, et si vous y consentez, je vous défendrai, mieux que n'importe qui. Toutes vos affaires sont terminées ; pour obtenir l'exécution de votre jugement, il n'est pas besoin de vous.

— Certainement non... Je me suis entendu ce matin avec l'avoué... qui va tout saisir...

— Oui, un vaste coup d'épervier sur tout ce qu'il y

. Voyant tout pris, il va bondir exaspéré et gare à vous !...

— Mais, vous m'effrayez, monsieur de Caniel..., que faire ?... conseillez-moi.

— C'est bien simple..., venez avec moi ; nous irons à ma campagne et vous serez à l'abri...

Sur un geste négatif de Suzanne, il reprit :

— Quittez votre petit taudis... écoutez-moi, et nous vivrons heureux ensemble. Vous êtes libre, et...

— Mais, mon ami, je ne suis pas plus libre aujourd'hui qu'hier...

— Vous n'avez plus la pensée de vous remettre avec votre mari. Vous ne pouvez vivre ainsi ; je vous l'ai dit cent fois, et vous le répète, si je vous propose d'être ma maîtresse, c'est parce que vous ne pouvez être ma femme ; vous seriez veuve demain...

— Ne me parlez pas de ça. Racontez-moi donc ce qu'a dit mon mari en vendant mes meubles au tapissier.. Cela m'intéresse et tantôt je vais prévenir l'avoué.

— Mais il ne m'a pas dit autre chose que ce que je viens de vous dire. Je pense que, voulant échapper au jugement qui l'oblige à vous faire une pension, il met tout ce qu'il peut à l'abri.

— Après m'avoir abandonnée dans un dénûment absolu, il voudrait me condamner à vivre dans cette misère... enfin, j'ai prévenu mon avoué.

Suzanne avait confiance dans les assurances qui lui avaient été données le matin ; on allait faire le nécessaire pour obtenir le versement des sommes dues — elle était certaine que son mari ne pourrait pas s'y soustraire. — Elle n'émettait des doutes, elle ne manifestait des craintes que pour apitoyer Caniel sur son sort. Pendant que le procès durait, Suzanne observait la plus grande réserve ; elle avait paru ne pas vouloir accepter les propositions de M. de Caniel. — Elle avait joué le rôle de la femme abandonnée par un mari débauché. Aux déclarations de l'amoureux, elle avait répondu que son cœur n'avait plus d'amour, et qu'elle était incapable de subir les caresses d'un homme qu'elle n'aimerait pas. Élevée dans le travail, elle n'était pas embarrassée pour gagner sa vie, et ne s'abaisserait jamais à céder à un homme qui ne lui plairait pas, pour avoir de l'argent...

Cette théorie émise avec un grand accent de sincérité avait bien paru bouleverser M. de Caniel, habitué à ne pas rencontrer de vertu si farouche, car il aimait la jeune femme et il avait cru à ses affirmations. — C'était une conquête difficile, mais cette difficulté avait une certaine saveur pour lui : avoir une maîtresse qui n'était pas à tout le monde — une femme mariée, bien sage, bien honnête, abandonnée par son mari, c'était charmant.

Suzanne était trop adroite pour céder facilement, elle ne cherchait pas un amant, elle cherchait une position. M. de Caniel était jeune, aimable, assez gai, amusant — Suzanne disait assez bête — il était riche, il fallait s'attacher sérieusement cet homme-là. En s'abandonnant il serait probablement généreux, mais leur relation ne serait qu'un caprice. Il fallait que l'amour suscité par elle devînt une passion, il fallait que Caniel fût bien persuadé que la femme qu'il aimait n'avait aimé que son mari, qu'à l'amour s'ajoutait l'estime et le respect ; c'était une œuvre difficile à mener et cependant elle avait réussi. Elle était aimée, désirée et respectée.

Le jeune homme lui avait dit que le jour où elle serait légalement débarrassée de son mari, il espérait qu'elle l'écouterait favorablement. Ce jour était venu.

Nous savons que Suzanne était décidée à céder, mais elle voulait agir intelligemment, et quand il lui dit :

— Voulez-vous me permettre de vous parler sérieusement, du fond de mon cœur ?

Elle répondit, souriant malicieusement en dessous et piochant avec sa fourchette dans son assiette :

— Certainement, monsieur Guillaume, je vous écoute.

Guillaume de Caniel commença :

— Vous devez être lasse de cette vie de misère, de tracas. Chaque jour, lorsque je désire vous voir, vous avez des travaux pressés ; quand vous avez passé quelques heures avec moi, il faut que vous rentriez bien vite, et que vous rattrapiez le temps perdu en travaillant une partie de vos nuits.. Cela ne peut pas durer.

— Comment faire autrement ?

— Mon Dieu, j'avais bien trouvé un moyen... vous commanditer...

— Je vous ai déjà dit que je ne voulais rien de vous.

— Et justement... il faut que vous soyez raisonnable... Vous voyez bien que je me meurs d'amour... Vous êtes mariée... je ne puis donc pas vous épouser... et vous n'avez plus de mari... je pourrais le remplacer. Vous m'avez dit : Ne me parlez pas de ça, je ne sais pas ce qu'il adviendra de mon procès en séparation... Très inquiet, j'ai attendu... C'est fini. Vous êtes libre, et je viens vous le demander de nouveau, ma chère Suzanne, c'est absurde de vivre seul. Quand un galant homme vous aime, qu'il vous offre d'être sa maîtresse, parce que vous ne pouvez être sa femme, mais qui vous considérera comme telle...

Suzanne semblait bien perplexe et comme hésitante à répondre.

— Soyez bonne, répondez-moi...

— Mon Dieu, monsieur Guillaume, cela est fort embarrassant... Depuis longtemps déjà je suis séparée de fait de mon mari. Jusque hier, j'ai espéré qu'il reviendrait, non que j'aie encore au cœur l'amour que j'avais pour lui, mais parce que c'est le devoir...

— Pauvre femme ! fit Caniel.

— Je ne puis aujourd'hui me faire d'illusion... je

ne l'aime plus, moi, il me hait, nous sommes séparés pour la vie...

— Eh bien, jeune, jolie, comme vous l'êtes, vous allez consentir à vivre seule, accepter une loi qui peut briser une union... mais défend d'en contracter une autre... C'est ridicule.

— Que faire? songez-y bien, je ne suis pas de ces femmes qui ont des amants... Si je cédais à un autre homme, je voudrais que ce fût pour la vie...

— Pensez-vous donc que ce n'est pas là ma pensée...

— Vous dites cela, mais ce serait bien difficile...

— Pourquoi?

— Jugez un peu. Et comme il la regardait ardemment, elle parvint à rougir en baissant les yeux dans une adorable confusion, et dit : Je rougis de vous parler ainsi.

— Oh! ma chère Suzanne, quel ange vous êtes, fit Guillaume ravi ; parlez...

— Quand on s'aime bien, pour ne pas avoir de mauvaise pensée, pour être l'un à l'autre fidèle, il faut qu'on se cache comme sous une tutelle, il faut vivre ensemble enfin...

— Eh bien, dit Guillaume en approuvant.

— Mais, mon ami, cela est impossible. Je suis libre — dites-vous — mais libre de vivre seule ; je puis peut-être recevoir qui je veux chez moi, mais en m'observant. En allant demeurer avec un homme, mon mari a tout droit sur moi.

— C'est vrai... Maìs on n'est pas obligé de rester à Paris...

— Aller vivre à la campagne... moi ! j'y mourrais d'ennui.

— Non pas pour s'y fixer... mais voyager, résider quelques jours dans un endroit...

— Cela ne peut durer longtemps !

— Mais que faire alors !...

Il y eut un silence de quelques minutes. Guillaume. ayant repoussé son assiette, prit par-dessus la table, la main de la jeune femme et lui dit :

— Voyons, Suzanne... admettez que c'est un fiancé qui vous parle. C'est une épouse que je recherche en vous... Vous choisirez un appartement que je... que nous ferons tapisser, meubler, un joli nid, vous serez chez vous... nous passerons ensemble nos journées, pour retourner chacun chez nous... pour la loi, nous serons deux amis... que nous importe si pour le monde nous sommes deux amants... puisque pour nous nous serons deux époux...

— Je n'ose croire à ce que vous dites... Vous avez eu bien des maîtresses, et à toutes vous avez fait le serment de les aimer toute la vie ?

— Non, Suzanne, à aucune je n'ai dit : ce n'est pas une maîtresse que je veux en vous, c'est une épouse. Je vous offre cette existence parce que vous n'êtes pas libre... demain vous seriez veuve, je vous épouserais...

— C'est bien vrai, cela ?

— Je vous le jure...

Accoudée sur la table, Suzanne restait pensive ; il la regardait, l'air suppliant, attendant une réponse.

— Suzanne, Suzanne, répondez-moi... doutez-vous donc de mon amour ?

— Non ! mais quelle chose fragile que l'amour d'un homme, je ne le sais que trop...

— Oh ! allez-vous me comparer à ce misérable... dont je souhaite la mort pour...

— Oh ne dites pas cela ! J'ai grande confiance en vous, mais je ne puis vous répondre ainsi... demain je vous reverrai, je veux réfléchir...

Elle repoussait son assiette et se disposait à se lever.

— Que faites-vous ? vous partez déjà ?...

— Oui, je vous avais promis de venir déjeuner rapidement, j'ai des clientes qui peut-être m'attendent chez moi... il faut que je travaille... C'est assez pénible.

— Cela peut finir aujourd'hui, si vous le voulez ; envoyez tout ça promener.

— Non ! non ! ne dites pas cela, fit Suzanne, baissant la tête pour cacher l'impression joyeuse qu'elle ressentait de la proposition de Guillaume. Après-demain nous causerons.

— Après-demain ! vous me disiez demain...

— Demain, j'ai trop de travail — après-demain, et je vous répondrai franchement.

— Vous me répondrez favorablement ? demanda-t-il suppliant en lui glissant son manteau sur les épaules ; elle pencha un peu la tête, et, lui souriant avec un regard langoureux qui fit courir la fièvre dans son sang, elle répondit à mi-voix.

— Peut-être !...

–- Oh ! Suzanne ! si vous saviez combien je vous aime...

— Taisez-vous donc, le garçon va et vient.

— Vous allez me permettre de vous reconduire, au moins ?

— Oh ! cela, jamais... Je ne veux pas être rencontrée au bras d'un homme.

— Il le faudra bien cependant...

— Alors, ce sera différent. C'est moi qui serai fière de m'y appuyer...

Aprés avoir pris rendez-vous pour le lendemain, Suzanne se retira. M. de Caniel en fumant un cigare pensait à celle qui venait de le quitter. Il était convaincu qu'elle allait retrouver ses ouvrières, et il était heureux de constater qu'elle était si honnête et si laborieuse, hélas !

Mme Debret était attendue chez elle par son amie Angèle.

C'était une larmoyeuse ! Elle avait dit au trop naïf Guillaume qu'elle avait un atelier de couture. Privée de ressources du jour où son mari l'avait abandonnée, elle s'était établie couturière ; quelques amis qui connaissaient sa situation, qui savaient ce que valait son mari s'étaient intéressés à elle, et lui avaient avancé l'argent nécessaire à son établissement ; elle avait pu prendre plusieurs ouvrières, et ayant eu la chance de trouver quelques clientes, elle travaillait jour et nuit.

La vérité, c'est que Mme Debret n'était couturière que de nom. — Pour justifier de ses moyens d'existence, il lui fallait un métier : pour prouver ce métier, elle avait une machine à coudre, et celles qu'elle appelait ses ouvrières étaient les amies qui venaient la voir.

On ne parlait d'elle qu'avec sympathie, on disait pour la désigner, « la jeune femme que son mari a abandonnée ».

Elle était à peine entrée chez elle, lorsque son amie se présenta. Mlle Angèle se trouvait chez Suzanne comme chez elle ; elle retira son manteau, dénoua son chapeau s'étendit dans un fauteuil, et, roulant une cigarette, demanda :

— Eh bien ! as-tu du nouveau ?

— Rien encore... Mais je suis sortie toute la matinée pour mes affaires.

— Je croyais que tu devais déjeuner avec M. de Caniel, ce matin...

— Oui... j'ai déjeuné. Je suis de retour depuis dix minutes à peine. Mais j'ai été chez le patron de Marius me renseigner sur sa situation. Il a une certaine somme placée là et des appointements réguliers. L'avoué va faire saisir le tout.

— Il a une grosse somme à te donner d'abord ?

— Oui, j'ai appris une chose qui me fait penser que l'avoué a raison. Tu connais la nature de mon mari. J'ai fait dire ce qui était nécessaire dans le procès, mais la vérité c'est que c'est un homme droit et scrupuleux en affaires ; il est condamné à payer, il paiera. Il paraît qu'il fait vendre son mobilier aujourd'hui, on me l'a dit. Il ne fait cela si rapidement que pour me payer.

— Et tu as causé avec M. de Caniel...

— Oh ! ma chère, il nage dans la joie, il est prêt à faire tout ce que je voudrai ; tu comprends que plus il offrait et moins j'acceptais. Je lui ai demandé deux jours pour lui donner réponse... cela va le rendre plus ardent encore. Pendant ce temps, nous allons trouver un appartement, un entresol.

— C'est facile, il y a ça près de chez moi... il va te faire meubler aussitôt ?

— Je n'ai qu'à commander. Tu comprends, il voudrait avoir le droit de venir à la maison comme chez lui... Je lui ai expliqué que cela serait difficile ; je lui prouverai plus tard que c'est impossible !...

— Fais bien attention, dit Angèle en envoyant en l'air des bouffées de fumée de sa cigarette, ton mari subira sa condamnation parce qu'il ne peut faire autrement ; tu as pu juger de la haine qu'il a pour toi : cette aversion va s'augmenter encore à mesure qu'il sera obligé de te donner l'argent qu'il gagne péniblement. Il n'aura aucune pitié, car il sait ce que tu fais ; il te guettera et cherchera à te faire prendre.

— Il faudrait qu'il fût plus malin qu'il ne l'est... Sois tranquille, si quelqu'un a à se plaindre, ce sera plutôt M. de Caniel que lui. Il ne faut pas te tromper sur moi ; j'ai, je t'assure, le désir et la volonté de vivre maintenant très sagement... Si j'ai fait des bêtises autrefois, je suis raisonnable à présent.

Ce que je voulais, je crois l'avoir trouvé : être heureuse, pouvoir satisfaire mes caprices et mes fantaisies de femme. Ainsi, par Caniel, j'aurai le luxe que je rêve, je me ferai habiller à mon goût... je serai satisfaite enfin. . Si cela se brisait... il me resterait toujours ce que j'aurais acquis, ma maison, mes toilettes, mes bijoux, et je n'aurais pas besoin de me servir de tout cela pour vivre ; puis, j'ai la pension de mon mari qui assure au moins mon existence. C'est la tranquillité.

Si ce n'était le danger, j'aimerais bien vivre à deux... Je n'ai pas le désir de ce qu'on appelle faire la noce. Je veux être riche et le paraître, et j'aimerais bien être avec quelqu'un qui passerait pour mon mari... Mais je me contente de ce que j'ai...

— Alors, c'est convenu avec lui... il t'a promis.

— Mais, ma chère, l'on ne peut traiter ça comme une affaire... je te répète qu'il fera ce que je voudrai...

— Ce que tu voudras !... Mais lui as-tu dit ce que tu voulais?

— Oui... Il attend impatiemment l'heure où je pourrai le recevoir dans le mobilier qu'il m'aura choisi...

— Eh bien, accepte vite ; il ne faut pas laisser aux hommes le temps de réfléchir.

— Il n'a pas de danger. Si tu voyais le pauvre garçon. C'est un adorateur, ma chère ; il souffre de me voir obligée de travailler nuit et jour pour vivre...

Angèle éclata de rire.

— Comment, de travailler, tu lui as dit cela ?...

— Mais oui, je suis couturière ; demande à ma concierge... elle te le dira. Pour mon procès, je lui avais dis de répondre à tous ceux qui viendraient demander des renseignements que j'étais une laborieuse ouvrière entreprenant du travail pour les grands magasins, travaillant sans cesse. C'est chez les concierges que l'on se renseigne toujours. Tu comprends que ce brave garçon a hâte de me voir abandonner un métier si pénible. Mais je ne puis, du jour au lendemain, quitter mon petit logement pour m'installer dans un appartement luxueux. Tu me disais très justement que mon mari avait toujours des droits et qu'il me surveillerait davantage, ayant le désir de se venger. Si j'entrais demain dans un appartement somptueusement meublé, comment justifier de sa possession après avoir fait plaider il y a huit jours que j'étais dans un dénuement absolu, que je travaillais, au point de compromettre ma santé, pour me donner seulement le nécessaire ?

— Tu retarderas... mais on te verra toujours plus opulente...

— Oui, mais j'aurai reçu de l'argent de mon mari, et je prétendrai que c'est avec la somme que la transformation s'est faite. On ne pourra rien dire...

— C'est vrai... Quelle belle chose que la justice...

Elles se regardèrent et éclatèrent de rire.

— Vois-tu, Angèle, reprit Suzanne, c'est là le point intéressant. Serai-je vite payée ? recevrai-je seulement un acompte ? aussitôt je puis déménager. — Tu devrais aller t'informer chez mon mari — au concierge — si véritablement il fait vendre son mobilier.

— Puisque tu l'as dit...

— Je voudrais en être certaine... Assurée de cela, c'est-à-dire sachant qu'il sera à même de payer bientôt, nous irions déjà chercher un appartement... et si celui que tu as vu me plaît, je l'arrêterai.

— J'y cours et reviens aussitôt.

Angèle revêtit son manteau, mit son chapeau et sortit.

Moins d'une demi-heure après, elle était de retour et elle disait à son amie :

— C'est vrai, ma chère. Un tapissier est venu avec un char-à-banc ce matin, il a tout enlevé... tout entends-tu ?

— Eh bien ? fit Suzanne étonnée de voir l'animation d'Angèle.

— Tu me comprends, — il a tout vendu. Sa literie, son linge, ses vêtements même, et au concierge qui lui demandait où il allait demeurer, il a répondu d'un ton lugubre : « Dans un monde où je ne serai plus tourmenté ». Le concierge croit qu'il va faire une folie...

— Quelle folie? demanda Suzanne inquiète.

— Mais se tuer, peut-être !...

— Oh! c'est lui qui est fou ! Marius se tuer! jamais!...

— C'est bien singulier, toujours; que compte-t-il faire, vendant tout?

— Cela ne m'étonne pas; il veut se débarrasser de ça et vivre à l'hôtel.

— Mais ses vêtements qu'il vend également?

— Voyons, Angèle, raisonne un peu. Il a au moins une dizaine de mille francs chez M. Davilson. Il va avoir le produit de cette vente... et il se tuera !... Si je ne savais que son argent est encore en caisse à son bureau, je me dirais, il se sauve .. Mais il perdrait une bonne place, ce qui serait absurde... Sois tranquille, je serai payée avant huit jours. J'en suis si convaincue, que nous allons arrêter l'appartement... et puis il se tuerait...

Elle n'acheva pas sa phrase et sourit en haussant les épaules

IV

LE JOUR D'ÉCHÉANCE

Depuis le soir où Debret était venu trouver son patron, s'était renfermé dans son bureau avec lui et lui avait rendu ses comptes en lui annonçant son départ immédiat, M. Davilson n'avait pas paru dans les bureaux. Le lendemain, les comptables ayant des feuilles et des versements à livrer au caissier, et celui-ci ne se présentant pas, on fit demander des ordres au chef de la maison. Davilson annonça que Marius Debret ayant pris un congé de deux jours, — les versements se feraient à la petite caisse. Cela n'étonna, ni ne préoccupa personne. Marius Debret était un homme de confiance. Souvent Davilson l'envoyait en mission aux approches d'une échéance;

on attribua son absence à un voyage d'affaires, pas l'ombre d'un doute ne vint à la pensée d'aucun.

La veille du jour d'échéance, le 29, M. Davilson fit appeler Debret, ostensiblement. On lui répondit qu'il n'était pas venu le matin.

— Il aura été retenu, dit tranquillement M. Davilson au chef de la comptabilité qui était venu lui répondre et lui apporter les bordereaux, mais il sera de retour tantôt.

— Devrai-je faire travailler ce soir?...

— Vous seriez en retard pour demain; puisque Debret n'est pas encore ici, il faudra rattraper ce temps par la soirée.

— Bien, Monsieur.

— Lorsque Marius Debret arrivera, vous me ferez prévenir... Il est bien négligent, lui si exact d'habitude.

— C'est ce qu'on remarquait dans les bureaux, dit timidement l'employé en se retirant.

Resté seul chez lui, Davilson devint sombre le front plissé, les lèvres serrées; il marchait dans son salon, parlant bas :

— Que faire? Je ne sais rien, je comptais sur sa femme pour me dire ce qu'il faisait, elle n'est pas revenue... et je n'ai pas osé lui donner un rendez-vous fixe, de peur qu'elle se doutât de quelque chose. Qu'est-il devenu, depuis quatre jours? Est-il parti?... Et s'il n'a pas quitté la France, à la première nouvelle, il reviendra aussitôt se justifier et cela serait

pour moi plus épouvantable que ce que je redoute...
Aujourd'hui, cependant, je puis m'informer... Trois
jours d'absence, et j'avais dit n'en avoir accordé que
deux..., mon inquiétude sera toute naturelle.

Il sonna, son domestique parut.

— Allez dire au bureau qu'on envoie un garçon
chez M. Debret pour savoir s'il n'est pas rentré, ou
s'il est malade .. Enfin, avoir des nouvelles, et qu'on
vienne aussitôt me rendre réponse.

Le domestique sortit et Davilson s'assit dans un
fauteuil, s'accouda et pensa :

— En envoyant un homme du bureau, déjà je
donne l'éveil... Mais s'il était encore à Paris, si son
état de surexcitation n'était qu'une comédie, son
projet de fuir à l'étranger un mensonge... et si Marius n'avait raconté tout cela que pour avoir un prétexte de me quitter, sentant que la maison menace
ruine ! si on allait le trouver chez lui, tranquille...
oh ! ce serait épouvantable !...

Il recommença sa promenade agitée.

— Je n'ai plus rien, je suis volé; c'est tout simple ;
me poursuivre, moi, serait odieux. Je m'arrange
avec tout le monde ; on a pour moi sympathie et considération, et avec ce qui me reste je recommence et
je suis débarrassé du passé, c'est-à-dire sauvé... Mais
s'il m'a menti... je suis perdu... Il ne 'me reste qu'à
me sauver cette nuit avec ce qui reste...

Il entendit le timbre.. il s'arrêta aussitôt, passa la
main sur son visage comme s'il y étalait un masque

plus calme, quand le domestique entra introduisant le garçon de bureau. Davilson, souriant, était adossé à la cheminée Le garçon, sa casquette à la main, attendit, l'air bouleversé.

— Vous venez de chez M. Debret, l'avez-vous trouvé ?

— Non, monsieur, et...

— Vous a-t-on dit s'il devait revenir aujourd'hui.

— Non, monsieur, la concierge m'a dit que M. Debret est depuis quatre jours parti en voyage, « qu'il avait fait vendre ses meubles ».

— Que me dites-vous là ! exclama Davilson, ayant beaucoup de peine à dissimuler sa satisfaction dans ses cris de désespoir... Oh ! mon Dieu... M. Debret... s'est sauvé !... Vite, vite, il faut ouvrir la caisse... Mais non, ce n'est pas possible... Je connais Marius, il est parti... Mais ses comptes doivent être exacts...

— M. Davilson n'a-t-il pas une seconde clef de la caisse ?...

— Mais, non, allez chercher un serrurier, et dites à MM. Léotaud et Volner de monter... tout de suite.

L'employé, tout tremblant, assurément plus sérieusement ému que son patron, partit en courant.

La porte fermée, Davilson se laissa tomber dans un fauteuil, exhalant un soupir de joie et, souriant, il essuya son visage moite d'une sueur d'angoisse.

— Il a tout vendu chez lui... Oh ! mais c'est fort bien ! je puis agir à mon aise ! Qui peut douter maintenant ? Un garçon qu'un jugement oblige à payer une vingtaine de mille francs, pour échapper à cette condamnation, s'expatrie. Mais c'est un joueur (c'est moi qui déclarerai ça) un dissipateur, il s'était compromis chez moi dans de mauvaises affaires; afin de se débarrasser de tout cela, et d'avoir les moyens de vivre, il a vidé ma caisse, et je m'aperçois que les détournements qu'il ne pouvait plus cacher, et qui durent depuis deux ou trois ans, se chiffrent à plus de trois cent mille francs... Depuis trois jours il voyage et doit être en mer... il ne saura pas cela... s'il le sait, il lui sera difficile de se défendre, et puis c'est le seul moyen d'en sortir... et adroitement. J'ai passé deux nuits à préparer les livres...

Contrairement à ce que ferait un négociant soucieux de sa valeur commerciale, Davilson faisait tout de suite et avec fracas connaître sa situation à tous ses employés, ne pensant pas à parer la catastrophe, l'acceptant. Cela eût été imprudent devant une enquête bien menée, mais le hasard devait le servir jusqu'au bout.

Les deux employés supérieurs qu'il avait fait demander arrivèrent, le visage défait, ayant déjà connaissance de ce qui se passait. Jouant admirablement l'agitation, la fébrilité, l'air un peu fou, Davilson les reçut en s'écriant :

— Messieurs, vous savez ce qui arrive... Monsieur Debret, qui m'avait demandé deux jours de congé à la suite de son procès, est en fuite... Il m'avait promis d'être de retour pour faire l'échéance. Il devrait être ici depuis hier... Je croyais à un retard, j'attendais un télégramme, une lettre ; rien. J'envoie ce matin chez lui, craignant qu'il ne fût malade... et j'apprends que le jour même où il me demandait son congé, il faisait vendre ses meubles et quittait Paris sans dire où il allait... J'ai peur... et cependant je ne voudrais croire à un crime... Je me refuse à penser que Debret est un voleur... Je vous ai fait appeler... parce que je veux que nous ouvrions la caisse ensemble : il est nécessaire que, ce soir, je m'assure que je suis en mesure pour demain... Si une semblable catastrophe m'arrivait, il ne me resterait qu'à me brûler la cervelle...

— Oh ! que dites-vous, monsieur Davilson... il faut du courage. Vous êtes honorablement connu, on vous accordera du temps si un malheur pareil arrivait.

— Oh ! mon Dieu ! mon Dieu ! gémissait Davilson au comble du désespoir ; ne pas faire honneur à ma signature... Moi, Davilson ! Non ! non ! je me tuerais.

Les deux braves employés étaient épouvantés ; c'est qu'il paraissait absolument sincère, le banquier, dans sa douleur, et ils n'avaient guère d'espoir de trouver la caisse pleine ; le départ de Debret était significatif ; l'un dit :

— Monsieur Davilson, il ne faut pas vous désespérer ; on a remarqué en bas que tous les livres de M. Debret étaient bien en ordre... mais je crois que, pour procéder à l'ouverture de la caisse, vous devriez faire venir le commissaire de police, auquel on expliquerait la situation et devant lequel on procéderait.

Davilson fit une légère grimace en entendant parler du commissaire de police ; il allait répondre qu'il serait toujours temps de l'aller chercher si l'on constatait un déficit, qu'une déclaration suffirait ; l'autre employé reprit :

— C'est même absolument nécessaire, pour la justification de M. Davilson, en même temps qu'il pourra prendre ici tous les renseignements pour retrouver Debret s'il est en fuite... Il faut qu'on lui donne le signalement tout de suite afin qu'on l'envoie partout.

Davilson pensait que Debret avait quatre jours d'avance, il devait être loin ; il craignait d'être suspect s'il n'acceptait pas ; il dit donc :

— Oui, envoyez tout de suite chercher le commissaire... attendez.

Il sonna son domestique, écrivit quelques mots et lui envoya porter la lettre.

— C'est inexplicable, dit Léotaud, M. Debret était un homme sérieux, qui paraissait ne pas faire de grandes dépenses... et j'espère que nous trouverons...

— Hélas, je voudrais avoir cet espoir... mais j'ai appris qu'il jouait à la Bourse.

— Lui... il jouait pour vous.

— C'est là justement l'erreur de tous... Il disait cela, même aux agents avec lesquels il opérait, c'était en mon nom...

— Vous saviez cela ?

— Je le sais depuis quelques jours ; il m'avait assuré que ses pertes étaient nulles et qu'il avait renoncé à ce tripotage... Vous savez, messieurs, quelle confiance j'avais en lui... Quel épouvantable malheur...

— Mais, dit M. Volner, il paraît que dans son procès, sa femme a produit contre lui des faits très graves... On a dit effectivement qu'il jouait à la Bourse, qu'il menait une vie luxueuse et qu'il entretenait très richement une femme galante connue sous le nom de la Petite Cayenne.

Davilson écoutait avec ravissement ; il ne savait pas cela ; c'était autant d'arguments pour justifier es détournements. Il demanda :

— Il entretenait une femme... la Petite Cayenne !... Comment avez-vous su cela ?... Est-ce que les journaux ont donné ce jugement ?

— Non, c'est un de mes amis, clerc chez un avoué, qui m'a raconté les plaidoiries des avocats... très scandaleuses...

— Tout s'explique alors, dit impudemment Davilson. Je suis perdu, il a dissipé toutes les sommes qu'il avait en caisse ; il s'est sauvé parce qu'il ne pouvait faire face à l'échéance : les pertes à la Bourse, une maîtresse luxueuse !... Mon Dieu, mon Dieu, que vais-je faire !... c'est la honte, la ruine !...

— Monsieur Davilson, il ne faut pas perdre tout espoir...

Le banquier répondit par un mouvement d'épaules et un geste désespéré. C'était un très adroit comédien que M. Davilson, et, comme on dit en termes de coulisses, il était tout à fait dans la peau du bonhomme. Depuis longtemps il préparait son coup, et le hasard, qui sert beaucoup plus les coquins que les honnêtes gens, lui avait apporté l'occasion qu'il cherchait.

Avait-il de l'argent ? était-il sans ressources ? bien fin qui aurait pu répondre. La vérité, c'est qu'il avait reçu beaucoup d'argent de tout le monde et que sa caisse était vide, — nous le savons, — pour faire face à son échéance.

Il avait pensé à l'incendie, la veille du 30, mais il avait reculé devant la rigueur du Code sur ce crime. Il s'était mis à la recherche d'un aimable caissier, retour de la « Nouvelle », qu'il aurait pris comme figurant pendant quelques jours, et auquel il aurait donné quelques billets de mille francs pour disparaître, en se laissant accuser d'en avoir détourné trois cent mille. Le sujet complaisant ne se trouvait pas, on manquait de confiance sur l'assurance de l'impunité... il n'avait pas oublié les faux, il en avait déjà largement usé, et c'est justement pour en endosser la responsabilité qu'il cherchait le complaisant caissier. Il avait vainement cherché dans les agences Trico-

che et Cacolet où ces messieurs prennent leur retraite ; — recherches vaines — l'échéance arrivait mena-
çante, et il se trouvait sous le coup de cessation de
paiements suivie de faillite. Cela pour lui eût été jeu
d'enfant, mais la faillite amenait chez lui le syndic
indiscret qui transformait tout, et le faisait arrêter
sous l'inculpation de banqueroute frauduleuse et faux
en écritures... Le misérable ne dormait plus. Il pro-
fitait du jour de congé donné à son caissier pour vé-
rifier... c'est-à-dire falsifier ses livres. Il était surpris
dans son travail par Marius, et osait à peine parler
lorsque celui-ci lui raconta son projet de fuite... D'a-
bord ennuyé de rendre la petite somme qu'il lui réclamait, il trouva que c'était payer peu ce qu'il cherchait depuis si longtemps. Marius avait l'intention
de se sauver outre-mer ; il se trouvait par son jugement dans une situation délicate, qui l'obligeait à se
dérober, sans laisser de trace. C'était bien l'homme
qu'il lui fallait !... Marius, à la première nouvelle,
réclamerait peut-être, mais il l'accuserait effrontément — alors cela nécessiterait une instruction pendant laquelle il pourrait agir — et puis, il n'avait pas
le choix des moyens ; celui-là se présentait, il l'acceptait. Il était bien évident que les grandes maisons
avec lesquelles il traitait lui seraient sympathiques
après une pareille catastrophe ; on lui donnerait le
temps nécessaire pour y parer. Ce plan arrêté, Davilson se persuada que Marius l'avait volé et joua son
rôle de désespéré.

Le serrurier qu'on avait appelé dut attendre l'arrivée du commissaire de police.

Les deux employés se regardaient d'un air navré, plaignant leur malheureux patron dont le désespoir était pitoyable. C'est que Davilson agité, allait et venait dans la chambre, puis retombait lassé dans un fauteuil en gémissant :

— Vingt années de travail, d'honnêteté, de devoir, perdues par un misérable que je considérais comme un frère... Quand je m'épuisais jour et nuit dans le tourment des affaires, il mangeait avec des filles perdues l'argent que je lui avais confié...

Davilson jouait admirablement son quatrième acte, il passait sa main crispée dans ses cheveux, il arrachait col et cravate qui l'étranglait et il respirait bruyamment, et il disait avec un bon ton de premier rôle :

— Pour la première fois, la maison Davilson laissera protester sa signature.

Dans la rue, des ouvriers se chamaillaient, et l'un d'eux criait d'une voix gouailleuse :

— Va donc, eh ! blagueur !

Davilson eut un soubresaut, il jeta un rapide coup d'œil autour de lui : rassuré par l'allure sympathique et désolée de ceux qui l'entouraient, il cacha sa tête dans ses mains comme s'il voulait dissimuler ses larmes.

Le commissaire arriva : en quelques mots il fut

mis au courant de la situation. Davilson dit en le con-
duisant :

— Si ce que je crains est vrai, c'est ma ruine... il
ne me reste qu'à me tuer.

— Monsieur Davilson que dites-vous là?... Vous
auriez au contraire le devoir de vivre... Espérons
cependant que vous vous trompez, et qu'un homme
que vous employiez depuis si longtemps et duquel
vous n'avez jamais eu à vous plaindre... n'est pas du
jour au lendemain devenu un voleur.

Davilson en descendant dans les bureaux était très
pâle ; il craignait qu'à chaque minute la porte ne s'ouvrît
devant Marius revenant prendre sa place à la caisse.

Le serrurier allait forcer la caisse, le commissaire
demanda :

— Quel chiffre devez-vous avoir en caisse?

— Monsieur le commissaire, en raison de l'échéance
de demain nous avons depuis quatre jours une somme
assez considérable, M. Léotaud va vous en dire le
chiffre...

L'employé se mit aussitôt devant le bureau, prit les
livres et chercha.

— Les livres sont-ils en ordre? demanda le commissaire.

— Oh ! parfaitement, Monsieur le commissaire —
ils sont à jour. — Voyez, voici l'échéance qui monte
à trois cent quarante-cinq mille francs...

— Et cette somme était encaissée?

— Il doit y avoir plus que ça en caisse.

— Voici le chiffre de la caisse. — Trois cent quatre-vingt mille, en espèces or et billets — dont le détail — plus les titres, confiés par les clients.

Le commissaire donna l'ordre d'ouvrir la caisse ; en quelques minutes, l'ouvrier eut fait la besogne. Malgré l'attente du résultat, ce fut un cri de stupéfaction : le portefeuille de billets était vide, il ne restait qu'une trentaine de francs de monnaie blanche et des sous.

Davilson jeta un cri déchirant, et se laissa choir dans un fauteuil... Si fort qu'il fût, il n'osait regarder personne en face, il craignait qu'on ne devinât dans son trouble la vérité ; — il gémit :

— Je suis perdu... la honte !... mon honneur !...

Le commissaire l'interrogeait ; il fallait répondre, mais l'émotion qu'il ressentait le rendait moins maître de lui, et, toujours bon comédien, il laissa tomber lourdement sa tête sur son bras recourbé, en hoquetant et en balbutiant :

— Ah ! mon Dieu, s'écria Volner, M. Davilson se trouve mal.

On se précipita et on le soutint : il était temps. Il allait glisser du fauteuil de son bureau et tomber par terre...

Pendant qu'on donnait des soins au banquier, le commissaire dictait le procès-verbal à son secrétaire, et interrogeait les employés sur les agissements du caissier infidèle.

Davilson, les yeux fermés, la bouche béante, la tête penchée en arrière, étendu dans le fauteuil les bras ballants, s'abandonnait, se laissait décolleter, mouiller les tempes et le front sans sourciller, jouant la scène, ayant de faibles mouvements nerveux quand on lui plaçait les sels trop près du nez... tout à son rôle enfin, — entendant tout ce qui se disait autour de lui... Il voulait échapper ainsi à l'interrogatoire et aux observations du commissaire de police; il aurait voulu qu'on le remontât chez lui, dans son appartement : là il se serait trouvé plus à l'aise pour reprendre son rôle...

Il sentait, les yeux fermés; tout à coup, il ne sentit plus les lotions et les frictions dont il était l'objet, et il se produisit un grand silence... Dans ce silence, il lui sembla qu'il entendait prononcer au bout de la grande salle des bureaux le nom de Marius Debret.... Il crut que son sang se glaçait dans ses veines : à la comédie qu'il jouait la réalité allait-elle succéder? Il se sentait défaillir. La voix du commissaire résonna durement à son oreille; il entendit :

— On vient de la part de Marius Debret... fermez les portes, emparez-vous de cet homme et amenez-le...

Davilson eut une crispation, il grinçait des dents. On s'empressa de nouveau autour de lui.

L'individu qu'on amenait devant lui était un brave homme d'allure paterne, tout bouleversé de sentir la main des employés s'appuyer sur ses épaules, et effrayé de paraître devant un homme dont il apercevait l'écharpe tricolore sous le pardessus.

— Qui vous envoie ?

— Monsieur, balbutia l'homme, c'est madame Debret.

— Ah ! c'est madame Debret qui vous envoie ! Qui
êtes-vous ?

— Le concierge de la maison où elle habite.

— Que vous envoie-t-elle dire ?

Davilson se remettait peu à peu ; il était rassuré et
curieux d'entendre, il entr'ouvrait les yeux, feignant
de reprendre connaissance. Le concierge répondit :

— Elle m'a chargé de voir M. Davilson, et j'ai été
chez lui; dans la maison, on m'a envoyé ici pour lui demander si M. Marius Debret était toujours chez lui.

— Ah! elle vous envoie demander cela ? — fit le
commissaire soupçonneux.

Tous les employés avaient quitté leur bureau et for-
maient un cercle devant la caisse, regardant et écoutant tout étonnés ce qui se passait. Le commissaire
reprit :

— Pourquoi s'informe-t-elle de ce que fait son mari,
puisqu'ils sont séparés ?

— Monsieur, c'est justement à cause de cela... Elle
a lu une chose effrayante dans un journal et elle veut
savoir si c'est vrai.

— Dans un journal... Quoi donc ?

— La mort de M. Debret... fit le concierge en tirant
de sa poitrine sous son gilet un journal spécialement
plié à l'endroit utile.

Il y eut parmi tous les employés un moment de

douloureuse stupeur. Davilson avait très rapidement retrouvé ses forces... et il disait :

— La mort de Debret... dans un journal.

Le commissaire prit le journal et à haute voix lut dans les faits divers les lignes suivantes :

« Châlons. — Un voyageur descendu hier dans un des principaux hôtels de notre ville, n'ayant pas paru le matin à l'heure du déjeuner, le maître d'hôtel envoya voir s'il n'était pas retenu dans sa chambre par une indisposition. Trouvant la porte fermée au verrou, et ne recevant pas de réponse, on dut entrer par une porte de communication donnant sur un autre appartement. Un affreux tableau s'offrit aux yeux des spectateurs, le cadavre du voyageur était étendu sur le tapis, le visage absolument défiguré. Il s'était tiré un coup de pistolet sous le menton. Ce voyageur, entré dans la nuit, n'avait pas encore inscrit son nom sur le livre de l'hôtel, il était arrivé à Châlons par le train parti le matin de Strasbourg ; on pense que le malheureux venait de Bade où il aurait tout perdu ; car, depuis la suppression des jeux, on joue un peu plus malhonnêtement à Baden-Baden. Il n'avait qu'une somme de cent vingt-deux francs. Dans le portefeuille trouvé dans les poches du malheureux étaient une carte d'électeur, une assignation pour un procès en séparation et des cartes de visite au nom de Marius Debret, *rue Saint-Georges.*

« Ce corps a été inhumé dans le cimetière de Châlons. »

Davilson s'était redressé et clamait :

— Ah ! le malheureux, il avait joué tout !... Je suis perdu, je suis ruiné.

Tous les commis se regardaient terrifiés ; tous avaient pour leur malheureux collègue de sympathiques regrets...

Au milieu du silence, le concierge demanda :

— Mais que dois-je répondre à madame Debret ?

— Hélas ! fit Davilson, que la nouvelle est vraie, que le malheureux est parti depuis quatre jours en emportant ma caisse.

— Ah ! mon Dieu... la pauvre femme ! elle le disait bien à qui voulait l'entendre que son mari n'était qu'un gredin.

— Taisez-vous et dites à madame Debret que si elle a des renseignements à demander, elle veuille passer à mon bureau, fit sèchement le commissaire de police.

Et en s'adressant aux commis :

— Messieurs, achevons nos constatations.

Davilson était retombé dans son fauteuil, et accoudé, la tête dans ses mains, il sanglotait bruyamment, gémissant :

— Je suis perdu... ruiné... déshonoré !

Tous les employés de la maison entouraient leur patron, chacun s'efforçait de le consoler, de lui donner du courage. On était convaincu de la culpabilité de Marius. La révélation avait d'abord bouleversé tout le monde, on refusait de croire à la vérité cependant il fallut se rendre à l'évidence.

Tous les employés de la maison Davilson n'avaient pour le patron qu'une estime relative ; il ne leur inspirait qu'une confiance limitée. Dans toutes les grandes entreprises l'employé est l'ennemi du maître, parce que celui-ci ne consulte que ses intérêts et les met au-dessus des besoins de celui-là. On considérait Davilson comme un faiseur, on le savait capable de tout, on le jugeait selon son mérite, on s'attendait sans cesse à une catastrophe.

C'était toujours à la dernière heure que la caisse s'emplissait pour faire face aux échéances. Dans les bureaux on savait que Marius avait l'intention de quitter la maison Davilson ; il avait dit plusieurs fois que s'il perdait son procès il réclamerait ses fonds et se retirerait, mais on n'y avait pas cru. Marius était aimé par tous ses collègues, il était estimé, c'est surtout en lui qu'on avait confiance ; tant qu'il était à la caisse, les employés étaient certains que la maison marcherait.

Aussi, la fuite du caissier avait étonné tout le monde ; disons plus : on n'y croyait pas. Mais l'épouvantable nouvelle donnée par le journal avait terrifié tout le monde. Marius était mort ; il avait volé le contenu de la caisse. Il l'avait gaspillé et il s'était tué. Le doute n'était plus possible.

Revenu de la première impression toute sympathique, chacun se rappela un incident qui pouvait faire prévoir la chute du caissier. Celui-ci l'avait vu jouer gros jeu. Cet autre l'avait rencontré avec des femmes galantes, un autre l'avait vu rôder souvent autour de la Bourse. Au dernier krach deux ou trois autres avaient remarqué qu'il était triste et soucieux.

Enfin, en quelques minutes, les opinions à l'égard du malheureux caissier étaient transformées. Le patron pour lequel on n'avait aucune sympathie devenait un pauvre brave homme bien digne d'intérêt, et Marius un misérable gredin qui avait abusé de l'affection de ce bon et loyal M. Davilson.

Le commissaire achevait de dresser procès verbal.

Davilson, paraissant faire un effort surhumain, s'était redressé ; il avait passé la main sur son front, et laissant le représentant de l'autorité instrumenter, il se rendit dans la grande salle des bureaux. Voyant tous les employés inactifs, qui se parlaient bas avec inquiétude, il comprit que l'intérêt personnel de chacun reprenait le dessus ; il fallait ne pas se mettre à dos de pareils auxiliaires : si une enquête était ordonnée, il importait de s'assurer tout ce monde, en continuant son rôle ; il prit une pose et, des larmes dans les yeux, la main sur son cœur, la voix tremblante, il dit :

— Messieurs, que chacun reprenne son travail... Je ne sais ce que je ferai pour faire face à l'échéance de demain : si je ne puis y réussir, je succomberai seul... Ma caisse est vide .. il me reste là-haut quelques valeurs avec lesquelles je puis répondre aux besoins urgents... C'est demain la fin du mois ; à l'heure habituelle où le personnel est payé... on payera... Je ne voudrais pas que ces braves et laborieux employés qui ne cessent de me donner des preuves de leur honnêteté aient à souffrir du crime de ce gredin...

Excusez-moi ; le misérable s'est fait justice lui-même ; devant un cadavre, je devrais me taire... mais je dois cependant observer que le misérable qui accusait sa femme légitime, déshonore le nom qu'il lui a donné... et aujourd'hui, nous qui avons cru aux mensonges et aux calomnies qu'il racontait sur elle, nous pouvons établir véritablement la part des responsabilités dans le jugement qui a servi de prétexte à sa fugue... à son crime.

Le commissaire de police ayant terminé les constatations, et les procès-verbaux étant signés par Davilson et les deux premiers commis, il se retira en annonçant qu'il devait donner à l'affaire les suites qu'elle comportait.

Davilson avait hâte que tout rentrât chez lui dans l'état normal ; la comédie était jouée, le tour avait réussi, il avait besoin de se reposer. Le commissaire étant parti, les employés reprirent chacun leur place dans leur bureau, un suppléant fut placé à la caisse pour répondre à ceux qui se présenteraient. Au tumulte succéda un calme particulier : les gens qui entraient et sortaient ne parlaient qu'à mi-voix ; on sentait qu'une catastrophe avait fondu sur la maison, le malheur planait. C'est en exhalant de gros soupirs, en vacillant, menaçant de défaillir à chaque pas que Davilson remonta dans ses appartements. Il avait besoin d'avoir pour lui la sympathie de ses employés, car ceux-là iraient raconter partout qu'il était victime de sa confiance ; commerçant intègre, la veille de son échéance sa caisse était pleine et devait faire face à tout : un malheureux, dans lequel il avait placé toute sa confiance et pour lequel tous ses collègues avaient la plus grande affection, l'avait volé. S'il n'était aidé, il risquait de faire faillite, car il était ruiné. C'était la bonne parole que l'on répandrait ainsi, car Davilson connaissait ses collègues véreux de la Bourse : ceux-là étaient capables de faire ce qu'il avait fait, et ils ne manqueraient pas de juger d'abord plus sévèrement la catastrophe. Il savait que ceux-là diraient, en apprenant la nouvelle : — Il s'est entendu avec son caissier... il était déja bien avec la femme ; c'est un coup.

Si pareille chose s'accréditait, il était irrémédiablement perdu ; il était donc nécessaire qu'il fût défendu, et l'adresse consistait à se faire défendre par ceux qui sont les ennemis nés d'une maison : ceux qui y sont employés. Une autre façon de comprendre le vers de Boileau :

Valet souple au logis, insolent au dehors.

Ce problème, il l'avait résolu, il se faisait des défenseurs de ses employés. Remonté chez lui, il redescendit aussitôt avec un panier d'argenterie, un coffre de bijoux ; il pria son principal commis Volner de l'accompagner, et il se rendit avec lui au bureau du Mont-de-Piété ; il engagea tout. Le commis principal Volner était véritablement ému de voir le malheureux banquier réduit à cette extrémité ; ils revinrent aux bureaux. Là, l'émotion n'eut plus de borne. Lorsque Davilson remettant la somme, billets et or, qu'il venait de toucher, au caissier provisoire, lui dit :

— Il faut tout prévoir ; — manquant mon échéance, je puis être déclaré en faillite demain, il faudrait que chacun de vous attendît les délais d'usage. — Vous allez employer cette somme à payer les appointements de tous... On avancera la paie d'un jour ; commencez immédiatement... les gens qui travaillent ne doivent pas souffrir des sottises de ceux qui les font travailler. — Lorsque je gagnais beaucoup vous ne touchiez pas plus ; il serait injuste que je vous fisse supporter les pertes quand vous n'avez jamais participé aux bénéfices.

Il y eut dans le bureau un murmure d'admiration ; les vieux employés étaient émus, le ton larmoyant de Davilson faisait pitié... et quand il remonta pour s'enfermer chez lui, car la scène qu'il jouait depuis le matin le fatiguait, les muscles de son visage se refusaient à obéir ; il sentait que malgré lui il aurait éclaté de rire devant la naïveté de ceux qui prétendaient le connaître à fond — qui le méprisaient lorsqu'il ne leur avait jamais porté préjudice, et qui le jour où il se conduisait comme le dernier des fripons se prosternaient devant lui... Aussi quel mépris il ressentait pour eux!

Rentré chez lui, enfermé dans son appartement, le masque tomba, et un grand éclat de rire le secoua et le remit à son aise... et marchant dans sa grande chambre dont il avait soigneusement fermé les portes, les deux mains dans ses poches, bien heureux de lui-même, il disait :

— Quand on songe que l'on a tant de peine à faire croire une vérité, et qu'on arrive si facilement à persuader tout le monde d'un mensonge... et à se le persuader soi-même, car, vraiment, j'en suis à croire que tout cela est arrivé. J'avais deviné cela, que cet imbécile allait se tuer. Mais est-il possible d'assembler tant de preuves sans les chercher? Je défie à n'importe qui de trouver la vérité au milieu de cela. Un jugement prononcé contre lui, dans le cours duquel il a été dit que Marius menait une vie de débauche, qu'il jouait, qu'il entretenait des femmes galantes, entre autres cette Petite Cayenne... C'est à celle-là probablement qu'avant de se tuer il aurait envoyé l'argent qu'il m'a réclamé de ce jugement, il sort déconsidéré. De l'argent qu'il a donné à cette fille, il ressort qu'il avait une certaine somme, ce qui justifie le vol, puisque j'ai été assez bien inspiré pour déclarer à sa femme que ses fonds étaient encore chez nous... S'il s'était contenté, comme je l'espérais, seulement d'aller en Amérique, j'étais toujours sous le coup de son retour. Il se tue... cela, c'est le comble et justifie, affirme ainsi tout ce que j'ai déclaré... Je suis certain que demain j'aurai cinq cent mille francs de commandite... Je suis fier de ma petite comédie, mais je n'y tenais plus. Un quart d'heure de plus, je leur éclatais de rire au nez. Voyons donc ce journal.

Davilson tira le journal qu'il avait soigneusement gardé et relut, faisant tout haut ses réflexions.

Où diable a-t-il eu l'idée d'aller à Châlons... Amené par le train venant de Strasbourg, il aurait été jouer à Bade... C'est bien improbable. D'abord, on ne joue plus si facilement que ça à Bade... Il serait arrivé le soir à Bade et serait parti le lendemain soir. Certainement qu'il faut moins de temps que ça pour perdre trois cent quatre-vingt mille francs ; Suis-je sot ! C'est positif, je crois que c'est arrivé !... Il n'avait que dix mille francs ; c'est l'affaire d'un quart d'heure. Alors il n'aurait pas donné son argent à cette petite Cayenne. C'est bien improbable. Il est vrai que sa mort est également bien stupéfiante. Un beau garçon, tout jeune, plein de santé. C'est cette rente à faire qui l'a dégouté du travail... Enfin. je respire à l'aise et suis plus tranquille aujourd'hui qu'hier... Peut-être a-t-il laissé une lettre ou en a-t-il adressé une par la poste... Il y a cela à craindre, mais le journal n'en parle pas... Je voudrais avoir des renseignements détaillés sur ce suicide. Comment?

Le timbre résonna deux fois... Davilson sursauta et, inquiet, il dit :

— Qui s'annonce ainsi... Est-ce que tout s'écroule-rait ?

Le domestique frappait à sa porte.

— Il faut que ce soit grave ; j'avais défendu ma porte pour tout le monde. — Et composant, ou plutôt décomposant son visage, il alla ouvrir.

— Qu'y a-t-il ? J'avais défendu qu'on me déran-geât ; je ne veux recevoir personne.

— Monsieur, j'ai cru que cette défense ne concer-nait pas la personne qui vient, et qui a dit que mon-sieur devait l'attendre...

— Que je devais l'attendre ! fit Davilson intrigué, et, plus inquiet, il demanda :

— Et qui est-ce donc ?

— C'est Madame Marius Debret.

— Madame Debret, répéta Davilson en fronçant les sourcils et hésitant ; est-ce qu'elle pleure... est-ce qu'elle semble agitée ?

— Elle ne pleure pas, mais elle paraît agitée.

— Faites entrer dans le salon, j'y vais.

Le domestique sortit. Davilson passa quelques mi-nutes devant sa glace, étudiant ses mines. Sûr de lui-même, il se dirigea vers le salon, et c'est d'une voix protectrice et toute paternelle qu'il dit à Suzanne :

— Eh bien, ma pauvre enfant, quel malheur !

— Comment, fit Suzanne avec une gaieté cynique, quel malheur ! vous parlez pour vous peut-être ! Ainsi, c'est vrai, je suis veuve ?

— C'est par vous que nous en avons eu la nouvelle, par le journal que vous avez envoyé.

— Comment, vous n'en saviez pas plus, il ne vous a pas écrit ?

— Pas du tout.

— Mon concierge m'a dit qu'il avait emporté la caisse. Vous avez voulu lui dire sans doute que vous lui aviez restitué l'argent qui était placé chez vous. Vous n'aviez donc pas encore reçu l'opposition de mon avoué ?

Davilson, qui avait redouté l'entrevue, craignant qu'une lettre adressée par Marius n'eût instruit Suzanne de la vérité, regardait celle-ci avec stupéfaction, en constatant qu'elle ne savait que la moitié de ce qu'il donnait pour la vérité.

— Mais que dites-vous là ! Vous ne savez donc rien ? Hélas ! le malheureux est parti en me dévalisant : il m'emporte près de quatre cent mille francs

Suzanne releva la tête ; lorsqu'il s'agissait de défendre ses intérêts, elle avait fait injurier, calomnier son mari ; elle ne l'aimait plus, et le veuvage lui rendant sa liberté, surtout à un moment où elle en avait si grand besoin, elle ne pouvait pas être émue de sa mort. Mais justement à cause de cela, elle aurait voulu qu'on respectât sa mémoire, et elle s'écria :

— Marius, un voleur !... Lui ! Oh ! non, monsieur

— Davilson, cela n'est pas possible, certes. Je ne suis pas suspecte en le défendant. Il n'est plus et je ne cache pas que j'en suis satisfaite... Mais c'était un honnête homme, incapable de détourner un liard...

Davilson, qui ne s'attendait pas à cette protestation, secouait la tête en disant :

— Oui, jusqu'à ce matin, j'avais cette conviction... Mais, ma pauvre amie, j'ai dû me rendre à l'évidence.

— Oh ! ce n'est pas possible ! Je ne peux pas croire ça. Non, non, monsieur Debret était incapable d'une pareille action.

Davilson avait pris la main de Suzanne et il l'avait conduite galamment à un canapé sur lequel il s'était assis à ses côtés, Il était gracieux, aimable ; il avait la mine de circonstance. C'est qu'il comprenait l'importance de l'opinion de la femme du malheureux, qu'il voulait qu'elle fût bien persuadée de la culpabilité de son mari, et lorsqu'elle demanda :

— Enfin, qu'est-il arrivé depuis que je vous ai vu, c'est-à-dire il y a cinq jours ?...

— C'est ce que je vais vous dire. Le soir même du jugement de votre procès, il est venu, il a passé une partie de la nuit à mettre sa comptabilité à jour ; il a encaissé les fonds déposés depuis quelques jours, ceux que je lui ai versés pour l'échéance de demain ; il m'avait demandé un congé de deux jours pour régler des affaires relativement à votre séparation ; je lui accordai un congé ainsi que je le faisais chaque fois qu'il en demandait un. Il s'en passait même assez souvent. Vous savez que je considérais comme un second moi-même. Il me dit que ses livres étaient à jour, que son échéance était prête, que je n'avais à me préoccuper de rien, qu'il serait ici au plus tard la veille au matin, c'est-à-dire ce matin. J'étais donc tranquille ce matin ; les sous-caissiers ayant à régler leur encaissement et livrer leur feuille, on vint me trouver. Je m'étonnai que Debret ne fût pas venu le matin à son bureau, et sa présence était urgente, car nous avions un petit bordereau à faire toucher à la Banque. J'envoyai chez lui pour qu'on s'informât du motif de son absence ; je craignais qu'il ne fût malade ; je redoutais qu'il ne fût arrivé un accident : je crois qu'il m'avait dit que ses affaires nécessitaient un petit voyage. Bref, le garçon revint tout bouleversé et me dit que Debret était parti après avoir fait vendre son linge, son mobilier...

— Je savais cela...

— Vous saviez cela ?

— C'est le lendemain de mon jugement que je l'ai appris ; j'ai envoyé une de mes amies s'assurer de la vérité — c'était vrai — et même le malheureux garçon avait déjà l'idée de se tuer, car il avait répondu à son concierge, qui lui demandait où il allait : « Dans un monde où je ne serai plus tourmenté « ; j'avoue que je refusai d'y croire.

Davilson reprit :

— Vous comprenez qu'en apprenant cela j'ai eu peur... j'ai voulu voir si la caisse était intacte...

— Et alors...

— J'ai envoyé chercher le commissaire de police

— c'est lui que votre concierge a vu ; — il a fait ouvrir la caisse, elle était vide...

— Oh ! mais c'est épouvantable ce que vous me
dites là... Marius, un voleur !..

Et c'était une somme considérable que vous aviez
en caisse ?.

— Je vous l'ai dit... près de quatre cent mille
francs...

— Je ne peux pas y croire, répétait la jeune femme
véritablement atterrée.

— C'est un coup de désespéré... le plus honnête
homme accablé par le sort à un moment tente un
coup.

Suzanne se leva et dit brièvement, car elle sentait
que le reproche la visait dans le procès par lequel
elle avait ruiné son mari :

— Non, monsieur... Ce n'est pas cela ! Marius,
désespéré, ne peut être devenu un voleur.

— Mais, ma chère Suzanne, lui seul avait les clefs
de la caisse, son bureau n'a pas été ouvert depuis son
départ, le commissaire de police l'a constaté... allez-
vous accuser les braves gens qui sont à leur bureau ?

— Je n'accuse personne, mais je soutiens que
M. Debret n'est pas un voleur.

— Si M. Debret avait eu son sang-froid il n'aurait
peut-être pas agi ainsi ; mais il était sous le coup de
son jugement qui le désespérait et le ruinait... tout
ce qu'il avait amassé était perdu... et il se trouvait
dans l'impossibilité de rien mettre de côté dans

l'avenir... Il a perdu la tête... il est devenu fou... et il a commis ce crime... cette folie...

Suzanne avait baissé la tête, ses beaux sourcils s'étaient froncés, la dernière phrase qu'elle venait d'entendre l'épouvantait : cela pouvait être la vérité. Davilson acheva :

— Lorsque la raison lui est revenue, la fièvre passée, il a eu honte de lui et il n'a plus osé revenir à Paris, il s'est tué...

— Mais, observa Suzanne, le journal dit qu'il n'avait que quelques louis sur lui... Cet argent?

— Il est arrivé, dit la note, par le train d'Allemagne, revenant de Baden ; il avait joué, dans l'idée de restituer, s'il gagnait, peut-être, et il a tout perdu...

— Si ce journal se trompait, dit Suzanne, et si ce suicidé était un homonyme ? Il faut qu'il ait voyagé jour et nuit pour avoir été à Bade et en être revenu en si peu de temps.

L'émission de ce doute troubla Davilson ; il sentit un froid mortel glisser dans ses os...

— Hélas... c'est bien lui. Il faudrait cependant s'en assurer.

— Oui, car je tiens à rentrer en possession des papiers de mon mari.

— Voulez-vous aller à Châlons?

— Moi? oh! non! si l'on m'obligeait à le voir... Non! non : il faudrait que l'on chargeât quelqu'un d'aller jusque-là.

Davilson eut un mouvement ; il pensa que peut-être dans les papiers que l'on retournerait, il se trouverait une pièce gênante pour lui, et il se dit qu'il serait plus simple et prudent qu'il se chargeât de la triste besogne.

Pour tout le monde cela était fort naturel, le malheureux qui avait été volé allait s'assurer s'il ne lui restait rien des sommes qu'on lui avait soustraites. Et il répéta paraissant chercher :

— Vous avez raison, il faut s'assurer à la municipalité de l'identité du suicidé, il faut le reconnaître, voir s'il n'a pas laissé dans ses papiers une déclaration quelconque. Je ne vois personne qui puisse se charger de cette mission... et si vous le voulez, je vais m'y rendre moi-même.

— Davilson, faites cela !... Que vous seriez gracieux !

— Je vais me rendre à Châlons — et je vous reverrai demain.

Mme Debret, intéressée par la gravité de la situation, n'avait aucune réserve ; elle s'abandonnait tout naturellement ; elle parlait à Davilson familièrement. Aussi, se rasseyant et obligeant le banquier à s'asseoir près d'elle, elle lui dit très amicalement :

— Je n'aurais pas osé vous le demander, mais ce que vous allez faire m'est bien sensible. Vous allez descendre à l'hôtel. Vous saurez absolument comment tout cela s'est passé. Je compte sur vous pour faire le nécessaire ; nous n'étions plus rien l'un à l'autre, mais enfin puisqu'il est sans famille, vous ferez faire un petit monument sur lequel on mettra son nom. Vous réclamerez les pièces trouvées sur lui, je vous prie de vouloir bien prendre à la mairie son extrait mortuaire.

— Parfaitement, ma chère enfant, vous pouvez compter sur moi.

Suzanne était tout près de Davilson, en lui donnant ses instructions, elle appuyait de sa fine main gantée sur son bras, et l'intrigant qui la regardait complaisamment, trouvait que l'animation mettait des lueurs provocantes dans ses yeux ; il souriait, oubliant son rôle, et il prit la taille de la jeune femme, l'attira vers lui et l'embrassa. Elle se dégagea bien vite et se redressa, disant sans se fâcher :

— Davilson... vous n'êtes pas raisonnable, un jour pareil. Cela ne vous affecte pas beaucoup.

Il se remit aussitôt, tout confus de son imprudence, il agissait bien légèrement pour un homme qui vient d'apprendre sa ruine. Heureusement, Suzanne était plus préoccupée de ses intérêts que de la singulière attitude d'un homme auquel on venait de voler près de quatre cent mille francs.

— Vous avez raison, Suzanne, je deviens fou... parlons sérieusement ; je vais à Châlons, surtout pour vous être agréable et pour prouver à ceux auxquels je dois que j'ai fait le nécessaire pour m'assurer que j'avais tout perdu... car je suis bien convaincu que le malheureux ne s'est tué que parce qu'il se trouvait absolument décavé. Enfin, je procéderai à une petite enquête pour savoir ce qu'il a fait depuis son départ de Paris et comment il a perdu son argent...

— Si la nouvelle de ce journal était fausse !

Davilson eut un sourire et haussa les épaules. Suzanne continua :

— Ou, ce qui pourrait être, si pour m'être désagréable et espérant qu'on ne le rechercherait plus et qu'il se débarrasserait de moi et éviterait le jugement, il avait lui-même envoyé cette note aux journaux...

Cette fois, Davilson devint blême ; c'est que la supposition de Suzanne était toute naturelle ; elle avait des probabilités. La jeune femme, voyant l'impression produite, ajouta :

— Et s'il a emporté cette somme considérable, ce serait bien possible.

Davilson pensa absolument le contraire, que c'était justement parce qu'il n'avait rien volé, mais qu'il avait eu dix mille francs, qu'il pouvait fort bien avoir joué cette comédie de sa mort ; aussi, se hâtant, il dit :

— Je pars immédiatement ; je vais prévenir aux bureaux, afin qu'on ne croie pas que je me sauve ; je vais dire ce qui est vrai, que je suis chargé par vous de constater le décès, et que je vais en même temps essayer de savoir à quoi votre mari a employé les fonds qu'il m'a soustraits.

— Et quand vous reverrai-je ? demanda Suzanne.

— Demain soir, je serai de retour... sans faute.

— En tout cas, en arrivant à Châlons, envoyez-moi un télégramme dans lequel en deux mots vous me direz si la note est vraie, et s'il n'y a pas erreur de nom.

— Comptez sur moi, répondit Davilson tout à fait inquiet en reconduisant Suzanne. A demain.

Après avoir prévenu Léotaud et Volner de son excursion, il se rendit à la gare. Mme Debret l'avait absolument bouleversé en lui disant que cela pouvait être une comédie. S'il allait apprendre que Debret vivant était encore en France ; mais tout était perdu ! Le lendemain les journaux parleraient du vol dont il avait été victime ; il le saurait aussitôt et ne manquerait pas de venir protester contre l'accusation. A cette pensée, une sueur froide perlait à la racine de ses cheveux. C'est dans un état d'agitation et de fièvre indéfinissable qu'il fit le voyage. Il était tard lorsqu'il arriva en gare ; impatient d'être renseigné, il demanda à l'employé qui prenait les billets :

— A quel hôtel a eu lieu le suicide...

— Il y a trois jours... Vous voulez y descendre ?

— Oui, répondit Davilson exhalant un soupir de soulagement. La note des journaux n'était pas un mensonge. C'était vrai !

— Tenez, monsieur... le conducteur que vous voyez sur la porte... c'est lui qui mène la voiture de l'hôtel.

— Merci. Plus à l'aise et prêt à tout, Davilson monta en voiture. En arrivant à l'hôtel tout était silencieux ; il ne crut pas nécessaire de demander des renseignements le soir même ; il se fit donner une chambre, réservant pour le lendemain l'enquête qu'il venait faire.

Seul dans sa chambre, il se mit au lit : il était las de sa journée d'émotion, fatigué du voyage fait avec les terreurs qui hantaient son cerveau, et il se trouvait heureux d'être débarrassé de ce doute.

La journée avait commencé si heureusement pour lui, la découverte du coup qu'il préparait pour le lendemain se faisait le plus naturellement du monde, avec une allure de vérité indiscutable ; la révélation de la vente du mobilier de Marius, de sa fuite pour l'étranger, puis la nouvelle romanesque de sa mort.

Il était impossible d'inventer rien de mieux que ça... Non seulement cela le sauvait du présent mois ; bien plus, il était tout à fait rassuré pour l'avenir.

Quoique fatigué, il ne pouvait dormir, et, entendant qu'on marchait dans le grand couloir, que les garçons n'étaient pas encore couchés dans l'hôtel, il sonna afin de demander un journal. Le garçon parut :

— Monsieur désire quelque chose? demanda le serviteur.

— Je ne puis m'endormir, je voudrais avoir un journal... avez-vous des journaux ?

— Monsieur, je ne crois pas... il y a eu beaucoup

de journaux aujourd'hui, les voyageurs les ont tous pris...

— Mais tout le monde dort maintenant, ils ne couchent pas avec...

— Ils les ont emportés dans leur chambre ; le marchand de journaux est venu pendant le dîner et ils ont tout acheté...

— On aime lire ici !

— Oh ! Monsieur, c'est seulement aujourd'hui, parce que le journal parlait de l'affaire dans tous ses détails...

Davilson s'accouda sur son oreiller, se doutant bien de ce qu'était l'affaire ; il demanda :

— C'est du suicide que vous voulez parler ?

— Oui, monsieur, justement...

— C'est bien dans cet hôtel qu'il a eu lieu...

— Mais oui, monsieur... et je dirai plus, c'est même dans cette chambre...

Il n'avait pas fini que Davilson bondissait et sautait sur le tapis ; il était tout pâle...

— Eh ! mon Dieu ! qu'avez-vous, monsieur...

— J'ai... j'ai... fit le banquier d'une voix étranglée, que je ne couche pas ici, donnez-moi une autre chambre.

Et ne se préoccupant pas de son costume sommaire, il ouvrit la porte et resta dans le couloir. Le garçon lui tendit son pantalon, espérant qu'il allait le revêtir, mais, tout bouleversé, il le plaça sur son bras comme un pardessus, répétant :

— Vite, vite, une autre chambre.

C'est en faisant tous ses efforts pour ne pas rire que le garçon, tenant les vêtements du voyageur d'une main et la bougie de l'autre, dirigea Davilson dans le long corridor. Une Anglaise, qu'un motif quelconque obligeait à sortir de sa chambre à cette heure, ouvrait sa porte ; en voyant dans le couloir un monsieur en chemise se promener noblement avec son pardessus sur le bras, et que le garçon conduisait, un flambeau à la main, scandalisée de cette étourdie coutume de se faire accompagner par un garçon dans un endroit particulier, s'écria : Shocking! en fermant brusquement sa porte...

C'est dans une grande chambre de laquelle il fit allumer les candélabres que Davilson trouva le sommeil.

A la même heure, à Paris, M. de Caniel redescendait furieux le boulevard Malesherbes.

Cédant au caprice de Suzanne, il avait fait richement meubler un petit entresol de la rue Brémontier. Il avait été convenu que le soir, après un souper tout à fait intime, tête à tête avec lui, Suzanne prendrait possession de son appartement.

Il s'était rendu au rendez-vous à onze heures et il n'avait pas rencontré Suzanne. Il l'avait vainement attendue et enfin, au bout d'une heure, blessé, il s'était décidé à se rendre rue Brémontier ; il avait appris que Mme Debret, la locataire, était venue le matin en déclarant, en effet, qu'elle reviendrait le soir; on avait même, toute la journée, emménagé et rangé du linge ; la bonne de madame avait même attendu assez longtemps, mais madame n'était pas venue.

Il pensa que si un soupé avait été organisé, la concierge en aurait été informée par la bonne. Il ne questionna donc pas et il se retira très inquiet, se demandant à quelle cause attribuer le manque de parole de celle qu'il aimait ; était-elle malade? En tout cas, il trouvait de fort mauvais goût qu'on l'eût fait ainsi « poser », et il descendait furieux le boulevard Malesherbes, regagnant son appartement, désespéré et un peu humilié de rentrer au logis quand il s'était promis de passer une si belle nuit.

— Décidément, cette Mme Debret pour laquelle je faisais une exception est aussi mal élevée que les gens de sa sorte. Je la croyais, au contraire, au-dessus de sa situation... Bah! « la caque, sent toujours le hareng ». Il était si simple de me faire prévenir.

Quand il rentra chez lui, ayant dit qu'il ne rentrerait pas, son domestique était couché ; il dut lui-même préparer sa chambre En allumant sa bougie, il vit une lettre sur sa table. Changeant tout à coup d'idées en reconnaissant l'écriture, il s'écria :

— Pauvre petite, je l'accusais et elle m'avait écrit! J'aurais dû rentrer avant d'aller la retrouver... Mais qu'y a-t-il ?

Il lut, stupéfait :

« Cher Monsieur de Caniel,

» Vous allez me trouver bien ridicule, bien sotte. Je vous aime, et j'étais résolue. Je vous avais dit oui ! mais au moment de tenir ma promesse, je ne puis, la honte me monte au visage... Tout ce qui est honnête en moi se révolte ; je ne puis me décider à prendre un amant. J'aime mieux rester dans ma petite chambre d'ouvrière, être pauvre, mais avoir toujours le droit de lever la tête. J'étais honnête fille je veux rester honnête femme.

» Excusez-moi.. pardonnez-moi... oubliez-moi.

» SUZANNE. »

— En voilà une petite bécasse, fit Caniel tout mortifié et sentant les larmes mouiller ses yeux

V

LES CONSOLATIONS D'UNE JEUNE VEUVE

Mme Suzanne Debret, abandonnée par son mari, puis légalement séparée de lui, étant encore jeune, belle, dans l'épanouissement de sa beauté, ne se sentait pas assez forte pour résister aux tentations du péché mignon. Un peu plus jeune elle avait légèrement agi, et la faute commise, en se voyant répudiée par son mari, elle en avait eu du dépit, de la colère, et la pente étant douce, le chemin fleuri, l'air embaumé, elle s'était laissée glisser ; elle avait dû juger alors plus gravement le crime qu'elle trouvait si bénin.

La société honnête dans laquelle elle avait été élevée lui avait fermé ses portes ; ses amies de pension ne l'avaient plus reconnue, elle n'avait trouvé pour compagnes que les déclassées qu'elle n'aurait pas daigné saluer autrefois. Au contraire, la partie masculine de ses amis qui lui parlait respectueusement était devenue tout à coup très provocante avec elle, se servant, pour causer, d'expressions égrillardes qu'elle ne voulait comprendre que lorsqu'elle était seule avec son mari.

Maintenant, la dégringolade s'accentuerait ; elle pouvait trouver la satisfaction de ses désirs dans une autre voie ; c'est alors qu'écoutant celui qu'elle jugeait un homme du monde — un brave provincial à peine installé à Paris, — M. de Caniel, elle se promit de ne lui céder que s'il lui donnait une situation. Elle ferait concorder les deux choses : sa séparation judiciaire, qui lui donnait une indépendance relative, et une rente viagère assurée, en même temps qu'elle acceptait comme un amant discret, un protecteur, M. de Caniel. Elle satisfaisait ainsi son rêve : le luxe, vie joyeuse, toilette, bijoux, voiture, tapage aux courses et aux premières. Elle acceptait tout cela, mais ces joies avaient un revers, une ombre : la déconsidération. La qualification qui la dégoûtait quand elle était jeune fille : l'entretenue ! Agissant adroitement, elle pourrait bien n'être jamais surprise en flagrant délit d'adultère par son mari. Elle ne risquait légalement rien ; mais si elle pouvait échapper à la loi, elle n'échappait pas à l'opinion publique. Elle serait classée dans celles qu'on a successivement appelées : les lionnes, les lorettes, les cocottes, les horizontales, enfin les chaises-longues, et que le peuple nomme toujours du même nom... catins !

Hélas ! Suzanne n'avait pas le choix ; il fallait qu'elle acceptât la vie austère et chaste de la séparée qu'une loi ridicule commande, ou il fallait choisir, selon son cœur, un homme, c'est-à-dire la misère et le danger ; car elle avait trop cruellement fait attaquer son mari pour n'être pas certaine qu'il se vengerait.

Dans ces conditions, il lui restait l'amant discret, protecteur, qui l'entretiendrait. Tout cela était établi dans le cerveau de Suzanne ; nous avons vu que l'autel où le sacrifice devait se consommer était prêt ; l'alcôve discrète, le lit capitonné, les grands draps brodés, les oreillers garnis de dentelles et de rubans attendaient ; les grandes tapisseries masquaient les fenêtres, étouffaient les portes, enfermaient le mystère rêvé ; le grand cabinet de toilette jetait par sa porte entr'ouverte, comme d'une cassolette, des parfums troublants... Le temple était prêt, la prêtresse ne vint pas.

C'est que le jour même où elle avait promis à M. de Caniel qu'elle le rejoindrait, elle avait reçu de Châlons, la dépêche promise par Davilson, une dépêche courte, mais qui en disait long. Elle lui apprenait qu'elle était véritablement veuve ; il n'y avait pas de doute. Davilson avait servi de témoin, il avait constaté que le suicidé était bien Marius Debret ; il devait apporter à la veuve le portefeuille du malheureux contenant des papiers qui ne laissaient aucun doute sur son identité, et enfin son extrait mortuaire. Le pauvre diable avait dissipé la somme considérable qu'il avait emportée, et Davilson avait dû payer une certaine somme pour lui faire faire une tombe décente. Marius arrivait bien de Bade, on l'avait déclaré au chemin de fer, où l'on n'avait reçu qu'un seul billet de ce pays !

Marius Debret mort, Suzanne n'avait plus de pension, — elle se trouvait ruinée ; ainsi, du même coup, il ruinait à la fois et Davilson et Suzanne : chose singulière, le banquier, nous le savons, était ravi de la situation qu'il lui faisait, mais le cachait, tandis que Suzanne, probablement très désintéressée et se trouvant seule chez elle quand elle reçut la dépêche, s'écria :

— Enfin ! je suis donc libre... c'est vrai. Une fois Marius m'a donc fait plaisir.

Puis, souriant, elle resta quelques minutes les yeux fixés sur la dépêche et dit, comme si elle se répondait à elle-même :

— Ah ! mais non, mon cher Richard... ce n'est pas ce soir que je vous donne cette petite fête chez moi... Non ! non ! c'est une grande cérémonie qu'il faudra m'offrir...

En disant Richard, Suzanne ne voulait pas faire allusion à la situation fortunée de son amoureux : Caniel avait pour prénom Richard.

Et rapidement, d'une main légère, la jolie brune avait tracé les quelques lignes que nous avons vues.

Elle employa la fin de la journée à commander son deuil. Elle reçut une lettre de Richard qui demandait une explication : elle attendit deux jours pour répondre. Comme dans cette missive elle s'excusait par la catastrophe qui la frappait, sans en donner l'explication, Caniel se demanda ce qui pouvait être advenu de nouveau dans la situation de celle qu'il adorait. Il ne voyait guère de redoutable qu'une réconciliation de Suzanne avec son mari, ce qui lui semblait bien improbable.

Une nouvelle lettre suppliante réclamait quelques minutes d'entretien — trois jours s'étaient écoulés, le temps de faire faire un deuil — Suzanne répondit en accordant un rendez-vous pour le soir même : ils dînèrent ensemble, dans un cabaret, en plein air — elle avait besoin de respirer librement.

Tout fut accepté ; le soir, elle retrouvait Richard de Caniel aux Champs-Élysées, chez Doyen... Suzanne était jolié dans son costume noir, qui, avec ses cheveux bruns, faisait encore ressortir la pâleur de son teint, et rendait plus étranges ses yeux gais, sa bouche rieuse. Ses bras étaient adorables dans les longs gants qui les couvraient jusqu'à la saignée... Elle n'était plus la même, à ce point qu'il ne la reconnut que lorsqu'elle leva son voile, et qu'il jeta un cri de saisissante admiration , puis, se reprochant aussitôt sa joyeuse exclamation, il demanda avec inquiétude.

— Mon Dieu ! Suzanne... dans ce grand deuil.... cette catastrophe ! ... qu'est-ce donc...

Suzanne hocha tristement la tête, baissa ses belles paupières sur la flamme de ses regards et dit :

— Mon mari est mort !

Cette nouvelle étonna certainement Richard, mais ne l'attrista pas, car il s'écria presque gaiement :

— Ah ! bah !.. et quand donc ?

— Il y a cinq jours...

S'empressant autour d'elle, il prenait son voile, son chapeau, son éventail, et les donnait au garçon ; il approchait une chaise et l'y faisait asseoir, puis, s'asseyant en souriant, il dit :

— Ma chère Suzanne, assurément vous allez avoir des ennuis, des tracas, des dérangements... mais cela ne peut pas vous chagriner ainsi.

Elle leva sur lui son regard doux et dit simplement :

— Vous vous trompez ... cette nouvelle m'a fait une bien douloureuse impression. Certes, je n'aimais plus M. Debret mais je ne puis oublier que j'étais presque une enfant quand nous nous sommes mariés, que j'avais juré de n'aimer que lui — et pensez de moi ce vous voulez, que je suis superstitieuse et sotte — c'est juste à l'heure où j'allais manquer au serment fait devant Dieu... où j'allais, entraînée par mon affection pour vous, le tromper, que j'appris sa mort...

M. de Caniel ne partageait pas le moins du monde la crainte superstitieuse de la jeune femme, il trouvait au contraire, que la catastrophe était arrivée bien à point pour lui enlever les derniers scrupules, et c'est avec une certaine inquiétude que, sans s'intéresser plus longtemps au suicidé, il demanda :

— Est-ce cet accident qui a modifié vos intentions?...

Elle ne répondit pas. Comme le garçon servait, Richard attendit pour demander de nouveau...

— Parce que vous êtes veuve... c'est-à-dire tout à fait libre, vous avez changé d'avis?

— Non! je n'avais pas encore reçu le télégramme lorsque je vous ai écrit, mentit effrontément Suzanne sans remarquer qu'elle avait absolument dit le contraire deux minutes avant. Caniel la regardait un peu interdit, et demanda d'un ton piteux :

— Comment, Suzanne, ce qui devait amener notre bonheur va le détruire...

— Mon Dieu! fit la jeune femme, que les hommes sont étranges! le corps de ce malheureux n'est pas froid, et vous jugez qu'une femme pourrait se livrer... Richard, quel homme êtes-vous pour me comprendre si peu?

Certainement, Caniel aurait été bien embarrassé pour dire quel homme il était; il se trouvait absolument ridicule d'être obligé d'écouter l'oraison funèbre d'un mari qu'il était accoutumé à entendre mépriser... Suzanne était également embarrassée, la question qu'elle attendait ne venait pas, et, pour avoir une contenance, elle raconta le suicide... oubliant l'accusation. Enfin Richard reprit :

— Suzanne, puisque vous croyez que les convenances vous obligent à un deuil... si sévère, quel terme mettez-vous à votre réserve ?

— Je ne vous comprends pas, fit ingénument celle-ci, le coude sur la table et tenant devant sa bouche le pain dans lequel elle allait mordre.

Richard fut un peu décontenancé, il sentit le rouge couvrir ses joues, mais surmontant son embarras pour parler franc, il dit :

— Ma chère Suzanne, je vous adore... chaque fois que je vous l'ai dit vous m'avez répondu que vous étiez bien malheureuse d'être mariée. Nous avons gémi sur ce malheur ensemble... et enfin lorsque nous avons entendu que, puisque nous y étions forcés, nous nous marierions comme les petits oiseaux, vous avez dit oui! et vous avez même ajouté : ah! si j'étais veuve!..

— Oui, c'est vrai, j'ai dit cela, je voulais me croire plus malhonnête que je ne le suis... J'ai rêvé d'avoir un amant, je l'ai désiré... et lorsque l'heure de me livrer est venue... tout ce qui est honnête en moi s'est révolté...

C'est presque avec un sourire d'admiration que Richard de Caniel la contemplait et l'écoutait; il se disait sans doute :

— C'est cette honnêteté qui me ravit et je la vain-
crai...

Après un silence employé à achever de dîner,
lorsque le dessert fut servi sur la table, Richard
dit :

— Suzanne, parlons sérieusement... m'aimez-vous
un peu?...

— Hélas! dit la jeune femme avec un accent qui
secoua à la fois le cœur et le cerveau de Richard, et
levant les yeux, elle ajouta : Vous le savez bien.

— Ma belle Suzanne, je vous adore... Quand pour-
rai-je vous dire : Je t'aime... Quand, en ayant fini
d'une amitié banale, serai-je ton amant?

Suzanne parut blessée et répondit :

— Jamais, monsieur!

Le ton était si net que, tout décontenancé, de Caniel
répéta :

— Hein! jamais... Mais alors vous venez pour
rompre?... et sa voix tremblait.

— Je romprais si je devais être traitée ainsi que
vous venez de le faire...

— Mais puisque je vous dis que je vous aime... que
je voudrais vous posséder.

— Ecoutez-moi, Richard... Mon mari vivant, si
mon cœur avait un entraînement, une passion, si ma
jeunesse me faisait commettre une faute, mon excuse
était dans l'impossibilité de rompre l'union contractée.
Aujourd'hui, ce n'est plus la même chose, je suis
libre...

— Eh bien, justement... vous pouvez faire ce que vous voulez.

— Oui... et c'est pour cela que, libre de moi-même, je n'aurai jamais d'amant.

— Vous n'aurez jamais d'amant. Veuve et jeune, vous vivrez chaste?...

— Non! je ne prendrai qu'un mari...

— Ah! fit Richard, qui, ne s'attendant pas du tout, — mais du tout, — à cette conclusion, sur la foi de ce qu'elle lui avait raconté, croyait qu'après l'existence qui lui avait été faite dans son ménage elle ne serait pas tentée de renouveler l'épreuve, car il se souvenait parfaitement de lui avoir entendu dire d'un accent plein de sincérité :

— Que le ciel me fasse veuve, et bien adroit qui me déciderait à me remarier...

Suzanne piochait de ses doigts mignons dans l'assiette de fruits, la tête baissée, cherchant peut-être les fameuses pêches du *Demi-monde*, et son regard ne quittait point le visage tout à fait ahuri de Richard.

C'est que celui-ci se disait tout bas :

— L'épouser! mais je n'avais jamais pensé à ça!... Me marier, hé!...

Cependant il fallait répondre. Suzanne, qui l'observait, vit l'hésitation, le trouble du jeune homme; sa réponse allait être évasive, c'est-à-dire un peu humiliante. Elle connaissait la nature de Richard : la difficulté augmentait ses désirs; ce n'était qu'à force de refus qu'elle l'avait amené à louer et meubler le petit entresol de la rue Brémontier... Dans la circonstance plus grave qui se présentait il fallait agir de même ; aussi reprit-elle :

— La situation qui m'est faite aujourd'hui change tous mes prcjets. Il me semble que je me trouve comme avant mon mariage, avec cette différence que j'ai plus de raison. Je suis de nouveau maîtresse de ma vie, et ne veux pas risquer de la perdre... Mon cher Richard, vous m'aimez bien... moi, aussi ; je ne cache pas mon affection pour vous, nous sommes deux bons amis J'allais commettre une faute ; je me suis arrêtée à temps... oh ! je vous connais. Si j'avais cédé vous m'aimeriez peut-être plus, mais vous m'estimeriez moins... Un jour ou l'autre vous m'abandonnerez, et, veuve, j'étais perdue.

— Pouvez-vous penser cela !

— Au contraire, je suis restée ce que je devais être, une honnête femme ; je ne crains rien, je puis prétendre à tout... Je n'obligerai pas à rougir celui qui me donnera son nom. — Elle mentait avec un air d'assurance adorable en continuant. — Vous auriez cru tôt ou tard que le sacrifice que je faisais avait un but intéressé... Je garde ma petite position, je vais vivre modestement... Je ne veux plus penser... et je ne veux plus qu'on me parle de mariage.. la loi m'oblige d'abord à rester veuve pendant dix mois.

— Alors vous me défendez de vous aimer.

— Je dois vous le défendre maintenant ; ainsi que je vous le disais, nous resterons bons amis. Mais vous êtes jeune, riche, vous êtes à Paris pour vivre gaiement, pour vous amuser, Richard... il est tout naturel que vous cherchiez une maîtresse... vous n'avez aucun motif pour vous marier... et vous avez bien raison.

— Qu'est-ce qui vons dit cela? fit Richard avec l'aspect piteux d'un homme qui vient de recevoir une douche fraîche sur la tête.

Suzanne continua sans paraître avoir remarqué l'interruption :

— Moi, je recommence la vie pour laquelle mes braves et bons parents m'avaient élevée... J'avais fait un mauvais mariage, mon mari m'avait abandonnée ; c'était une rude épreuve dans laquelle une autre aurait pu succomber ; la mémoire de mes braves parents, le souvenir de leur vertu m'a protégée ; je suis restée digne d'eux. Un jour ou l'autre je me remarierai, et j'espère trouver cette fois l'existence que je cherchais : la vie calme de l'épouse et de la mère.

Plus elle parlait, et plus Richard se trouvait embarrassé devant elle ; aussi, quand timidement il demanda :

— Vous parlez de vous marier un jour ou l'autre, si un prétendant se présentait... mais, moi, je ne compte donc plus...

Elle répondit affectueusement pour le consoler :

— Vous, mon bon Richard ! vous comptez pour un de mes meilleurs amis ; je ne puis vous réclamer que ça... Ce que vous cherchiez en moi, c'était une gentille maîtresse,.. Vous me croyiez plus légère que je ne suis. Une petite ouvrière comme moi pouvait être une maîtresse aimable... mais, il est évident, et je le comprends, que lorsque vous songerez à vous marier, apportant un beau nom, une position et une situation très belles, vous exigerez de celle que vous choisirez, une éducation — je veux dire une éducation mondaine et une fortune que je n'ai pas... Conservez-moi votre amitié, c'est tout ce que je vous demande; la petite Suzanne n'oubliera jamais que lorsqu'elle était pauvre, abandonnée, vous lui avez tendu la main, et ne l'avez pas obligée à vous payer ce service honteusement.

De plus en plus ahuri par ce qu'il entendait, Richard dit :

— Mais c'est absolument une rupture. . Non seulement vous me dites : Je ne serai jamais votre maîtresse... Mais vous ajoutez : ne pensez plus à moi, je désire me marier... et ce n'est pas avec vous.

D'une voix douce comme une vibration de harpe, et en l'enveloppant d'un regard troublant, Suzanne répondit :

— Richard, je ne vous dis pas que je ne vous aimerais pas comme époux... je dis que vous ne pensez pas à vous marier et que je ne serai pas celle que vous choisiriez pour épouse.

— Et pourquoi cela? exclama Richard en s'emballant.

— Je vous ai dit pourquoi.;.

— Vous vous trompez, Suzanne ; l'amour que j'ai pour vous repose sur l'admiration de votre personne, la sympathie entre nos caractères et surtout sur l'estime que vous méritez...

Suzanne baissa un peu ses yeux desquels jaillissait un éclair ; elle mit ses gants pour cacher le tremblement de ses mains... Richard, la voix émue, continuait :

— Je cherchais à faire de vous ma maîtresse parce que je ne pouvais vous épouser. Aujourd'hui, vous êtes libre, mon amour n'est pas diminué. Suzanne, je vous demande votre main...

La jeune femme se pencha en arrière, fermant à demi les yeux, pour cacher son regard, ne donnant pas sa main pour que Richard ne sentît pas les frémissements qui l'agitaient ; tout son être était secoué par cette pensée qu'elle deviendrait la baronne de Caniel. — Richard lui avait raconté que dans son pays on le désignait, pour le distinguer de son frère, sous le nom du Petit baron, et il trouvait cela enfantin ; aussi, à Paris, il ne donnait que son nom. — On l'appellerait la petite baronne ! et elle serait riche, riche pour toujours, sans craindre la rupture et l'abandon ; elle s'empressa de répondre — fidèle à son système de ne pas accepter tout de suite.

— Richard, je vous en prie, ne me parlez pas de ça aujourd'hui. Dans quelques jours, cette pensée qui me hante malgré moi, ce suicide, ne me poursuivra plus.

Caniel sourit, tout à fait rassuré, et, comme un homme convaincu d'avoir remporté une difficile victoire, il dit :

— Soit... Je ne vous en parlerai que lorsque vous m'y autoriserez... Cependant, Suzanne, pour me donner la force d'attendre, regardez-moi bien en face, que je lise dans vos yeux cette acceptation... et donnez-moi votre main nue...

Elle obéit, souriante ; le couvrant d'un regard qui fit trembler ses lèvres, elle lui tendit la main, et quand il la baisa elle l'appuya sur sa bouche...

Lorsqu'ils sortirent du restaurant il faisait nuit. Richard proposa une promenade au Bois. Il essuya un refus sec. Suzanne lui fit remarquer qu'il était nécessaire pour eux et pour le monde d'être très réservés.

Ils se quittèrent, Richard se disant avec étonnement :

— Je ne la croyais pas si sévère que cela. On a bien raison de dire que ce sont celles qui en disent le plus qui en font le moins. C'est un ange !

Suzanne sautait en voiture et se faisait conduire chez Davilson, qu'elle avait déjà vu le matin, et il l'avait assuré que c'était bien le malheureux Marius qui s'était tué après avoir dépensé tout. L'argent qui lui restait provenait probablement de la vente de sa montre, car il n'avait aucun bijou.

En se retrouvant avec Davilson, elle lui demanda de ne pas ajouter à la honte de son mari en rendant public le vol dont il était victime.

Davilson l'assura qu'il avait envoyé dans les journaux afin d'éviter la publication. Il avait trouvé des commanditaires, et ceux-ci avaient dit que la publication de ce fait pouvait être préjudiciable à la maison.

Tout à fait tranquille, Suzanne rentra chez elle, et très gaie rêva de son mariage.

Le père et la mère de Suzanne étaient de bons bourgeois. Le père Haudin avait été employé aux postes pendant trente ans, sans jamais avoir mérité une plainte de la direction ; Mme Haudin donnait des leçons de guitare et de piano ; ils vivaient bien prosaïquement, n'ayant qu'une affection, leur fille Su-zanne. La mère était un peu coquette, et Haudin aimait bien vivre ; ses appointements passaient entièrement à satisfaire leur goût particulier ; l'avenir était assuré par une pension de retraite. Employé des postes, obligé d'être à l'heure, la maison subissait cette monotone régularité. Jamais un jour on ne déjeunait ou dînait cinq minutes plus tard qu'un autre. Mme Haudin se levait entre six et sept heures ; elle nettoyait aussitôt les vêtements et les chaussures de son mari, puis elle faisait le ménage, allait faire ses provisions, hachait des feuilles de chou et du foie, puis s'occupait du déjeuner. A sept heures, Auguste Haudin sortait du lit, s'habillait à moitié, c'est-à-dire restait en bras de chemise et bretelles, nettoyait les cages d'une cinquantaine d'oiseaux de différentes espèces, leur donnait à boire, à manger, employant à cet ouvrage les choux et le foie hachés par sa femme; ce travail fini, il se mettait à table où sa femme et sa fille Suzanne attendaient, déjeunait et aussitôt revêtait son gilet et sa redingote et partait à son bureau. Il était presque dix heures. Les jours de congé, toute la famille allait à Neuilly ou à Charenton, et de l'aube à la nuit Auguste Haudin pêchait à la ligne — en mangeant au bord de l'eau sur le pouce. Mais on dinait copieusement le soir au cabaret. C'est dans ce milieu que Suzanne avait été élevée.

Sa mère lui avait appris le piano, une amie dans la maison lui avait appris la couture, une autre lui avait appris les modes. Elle n'était ni pianiste, ni couturière, ni modiste; elle était peu soigneuse dans l'entretien du ménage ; cependant elle s'occupait de tout cela, et sa mère disait :

— Elle sait tout, n'est embarrassée de rien ; c'est une perle pour un mari.

Le père Haudin disait :

— Des doigts de fée, elle fait tout ce qu'elle veut de ses mains. Ah! le gaillard qui l'aura pour femme n'aura pas à se plaindre.

Le mariage se fit rapidement; son père ayant appris qu'à ses connaissances utiles elle voulait joindre un art d'agrément. On l'avait rencontrée plusieurs fois avec un jeune peintre de talent qui voulait... ou l'avait fait pour poser une Chloé... Marius Debret avait quitté la poste, où les appointements étaient minces pour entrer comme principal caissier dans une maison de banque qui se fondait, la maison Davilson. Le père Haudin avait remarqué à deux bals de société que son jeune collègue était très galant, trop galant, avec la belle Suzanne ; il lui en avait fait sévèrement l'observation, celui-ci s'était défendu en déclarant que ses intentions étaient honnêtes... On s'était embrassé, un couvert de plus avait été mis à la table et le menu s'était augmenté pendant deux mois, au bout desquels, au milieu de l'admiration générale, les deux jeunes gens qui s'adoraient s'étaient mariés. Et au sortir de l'église, toutes les commères qui remarquent toujours les infirmités de chacun, étaient contraintes de s'écrier :

— Ah ! qu'ils sont beaux tous les deux, le beau couple !

Le ménage était si heureux, si heureux ; les parents si contents que, peut-être de joie, les pauvres vieux moururent. Haudin ayant été atteint de diphtérie, sa brave femme, qui avait tout partagé avec lui en prit sa part et le suivit dans la tombe.

Ce qui priva le père Haudin d'entendre son gendre lui reprocher d'avoir dit que celui qui serait l'époux de sa fille n'aurait pas à se plaindre.

Élevée dans ce milieu modeste et réservé, Suzanne avait eu toutes les aspirations, tous les désirs ; autant ses parents étaient simples, autant elle se sentait vaniteuse ; elle se mariait surtout pour se débarrasser de la vie monotone qu'elle menait. Son mari l'aimait trop, lui donnait tout ce qu'elle demandait ; elle désira plus qu'il ne pouvait lui donner et ne recula devant rien pour se satisfaire. Mariée, combien de fois s'était-elle dit que, belle comme elle l'était, elle aurait pu trouver un mari très riche ! Que de fois regardait-elle avec envie les grands équipages armoriés dans lesquels des femmes moins belles qu'elle, mais plus richement vêtues, s'étalaient nonchalamment et, faisant grincer ses petites dents de souris, elle disait :

— Qu'ont-elles de plus que moi, la plupart de celles-là !... Elles ont eu la chance de rencontrer un homme qui leur a donné un nom et une fortune... Voilà ce qu'il faudrait trouver, un homme riche... bien riche...

C'est alors qu'elle avait conçu ce plan d'assurer sa vie ordinaire par une pension alimentaire... puis après Mme Diogène allumerait ses yeux pour chercher un homme !... Le plan avait été exécuté, et il avait réussi ; c'est en cherchant le bureau de l'assistance judiciaire qu'elle avait rencontré M. de Caniel, qui sortait de la chambre des enchères. Il arrivait d'un coin du Poitou pour s'installer à Paris où il prenait pied en faisant acheter plusieurs immeubles. Il avait dirigé la jeune femme, avait obtenu difficilement un rendez-vous, c'est-à-dire que Suzanne avait refusé d'accepter l'entrevue, mais elle avait déclaré qu'elle devait se trouver dans huit jours, à la même heure, au Palais de Justice ; M. de Caniel l'avait quittée ravie, et elle s'était sauvée en répétant le mot d'Archimède : Euréka! Nous savons le reste. Quelques mois après le dîner chez Doyen, Suzanne se trouvait devant Richard dans la grande salle de chez Brébant ; ils revenaient de la mairie faire leur déclaration et déjeunaient. Souriante, radieuse, l'œil brillant, la bouche entr'ouverte, montrant ses jolies dents et semblant boire ce que disait son fiancé, elle écoutait :

— Quand nous irons là bas au-dessus de Saint-Maixent, vous verrez le vieux château où tous sont nés...

— Vous connaissez votre famille depuis ces temps reculés.

— Absolument ; je n'en tire aucune vanité, mais beaucoup, qui font bien haut sonner leur titre, n'y ont pas droit... Moi, ce n'est point parce que j'ai le choix que je me contente de porter le nom de mon père... un démocrate qui longtemps signa Decaniel tout bonnement...

— Pourquoi donc ! nous ne ferons pas ça !... baronne, c'est gentil ça !...

— Caniel, sire de Champnasgon, est nommé, dans un édit de Charles le Chauve, en 858, comte de Fléville ; il laissa un fils, le comte de Caniel, et leurs descendants portèrent les noms de Champnasgon, de Fléville, de Caniel et...

— Ce sont les anciens, mais vous ?

— Moi, je suis simplement, ainsi que vous l'avez

vu par les papiers que je viens de remettre à la mairie, baron de Caniel, chevalier de Champnasgon.

— Pourquoi pas comte ? puisque vos aînés étaient comtes, demanda Suzanne.

— Mais parce que j'ai encore un vieil oncle qui porte ce titre-là et qui me le rendra le plus tard possible.

— Ah ! votre oncle est le comte de Caniel.

— Vous le connaîtrez, un vieux gentilhomme, fort comme un chêne et doux comme un mouton, qui vous connaît de nom et qui vous reconnaîtra, car je lui ai écrit combien vous étiez belle, et surtout combien vous étiez bonne... C'est ce qui fait qu'il ne m'en veut pas trop.

— Il vous en voulait donc ?

— Je puis vous dire cela... Mon oncle est mon unique parent ; je suis son héritier.

— Comment, vous devez encore hériter ? dit Suzanne faisant l'ingénue.

— Oh ! le plus tard possible, car j'aime le comte comme mon père... Il voulait me marier à sa guise ; il avait trouvé par-là une solide gaillarde d'une vieille famille et il espérait que j'irai vivre près de lui... Mais je n'ai pas les goûts si simples, et l'amour si facile... Je lui ai raconté qui vous étiez ; je lui ai dit que j'étais assez riche pour ne pas rechercher une héritière, assez noble pour n'avoir pas besoin d'anoblir de nouveau la famille, que je voulais aimer, chérir celle qui serait la mère de mes enfants... et si je la choisissais belle c'était pour lui donner des petits neveux beaux et forts...

— Ah ! vous n'aviez pas dit cela !... Et enfin qu'a-t-il répondu ?

— Il m'a dit de me hâter... qu'il était pressé de vous voir. Car son grand âge ne lui permettait pas de faire le voyage...

Suzanne eut un imperceptible froncement de sourcils, et elle dit aussitôt :

— Comment, c'est votre unique parent et il n'assistera pas à votre mariage, et vous m'avez dit n'avoir pas d'amis à Paris...

— C'est vrai !

— Mais moi, je suis aussi sans famille... Alors à quoi bon nous marier ici et pourquoi ne pas plutôt faire la cérémonie là-bas.

— C'est vrai ! vous accepteriez ?

Et en disant cela, Richard paraissait enchanté ; jamais il n'aurait osé lui faire une semblable proposition, craignant qu'elle ne supposât qu'il était un peu honteux de son mariage. Suzanne, au contraire, répondit :

— J'en serais bien heureuse. — Croyez-vous donc que j'aime tant Paris ! Rien ne m'y attache ; ceux que j'aimais dorment au cimetière, je suis ici sans amis, sans parents ; la position désagréable que m'a faite ma séparation, m'avait obligée à rompre les relations communes. A Paris, depuis mon mariage, je n'ai connu que la souffrance et la misère. Les familles subis-

sent malgré tout une prévention contre la femme séparée, les portes se ferment ; heureuses sont celles
que la calomnie n'atteint pas. Il faut se défier de tout
le monde, vivre dans l'isolement... En vivant dans
Paris je ne puis me dégager de tout cela...

— Mais tout cela est oublié maintenant.

— Vous croyez cela ; si vous saviez combien de
femmes sont jalouses de moi.

Et effrontément elle ajouta : Celles qui ont abandonné leur mari pour s'amuser, celles qui font la vie
ne pardonnent pas à la femme qui se conduit bien. La
séparation doit écraser la femme, elle ne lui permettrait pas de se relever... elles m'en veulent parce que,
plus heureuses qu'elles, le veuvage m'a délivrée.

— Dites-moi leur nom ? Quelles sont ces misérables ?

— Si l'on connaissait ses ennemis on pourrait se
défendre.., mais, le mieux est encore d'y échapper.

— Certainement...

— Et je serais très heureuse si vous vouliez nous
marier chez vous.

— Ma chère Suzanne, vous me ravissez, mais je ne
veux pas vous prendre en traître. Saint-Maixent est en-
touré d'un adorable pays, très pittoresque, très riant,
mais peu vivant, même pas vivant!... Le château, la
propriété de mon oncle est en pleine campagne ; c'est
très vaste, on y est fort bien, mais on ne s'y amuse
guère. Cependant, si vous veniez là-bas, du jour de
votre arrivée le vieux château changerait, car je suis

certain que mon oncle vous adorerait... Le comte inviterait tous les voisins; ce ne serait pendant trois mois que fêtes au château.

— Mais cela est charmant... et c'est moi qui vous supplie de me conduire chez le comte de Caniel.

— Eh bien, ma belle Suzanne, « que votre volonté soit faite sur la terre » ; ce soir je vais écrire à mon oncle.

— Vous lui avez dit qui j'étais...

— Oui, à peu près, fit Caniel embarrassé.

Suzanne rougit un peu et demanda :

— Comment, à peu près ?

— C'est fort simple : vous savez ce que sont les vieillards, très ombrageux, préoccupés de la chose la plus simple...

Un peu inquiète, Suzanne fixait son regard anxieux sur son fiancé, et celui-ci continua timidement :

— Je lui ai dit que vous étiez orpheline, que votre père était un ancien fonctionnaire de l'ancien gouvernement ruiné par la chute de l'Empire.

Suzanne, tout naturellement, acquiesça de la tête et dit même :

— C'est vrai, le pauvre homme !

— Que vous aviez été mariée... que vous étiez veuve... Je n'ai pas raconté votre séparation... tout cela est inutile; vous n'avez pas besoin d'en parler là-bas... Vous êtes veuve d'un... banquier... Pour la même raison, il est inutile que l'on vous croie pauvre là bas... En province, voyez-vous, que la femme ait tort ou raison, la séparée n'est pas considérée, pas plus que la pauvreté... et moi, ma chère Suzanne, je vous aime plus justement à cause de cela ; ayant pour époux un misérable indigne de vous, vous n'avez pas attendu que la mort vous en délivrât; vous vous êtes dérobée à ses caresses... vous êtes pauvre et vous êtes restée sage, et c'est moi qui suis riche...

— Que vous êtes bon...

Il y eut un instant de silence pendant lequel, la main dans la main, ils se regardèrent avec des yeux humides d'émotion.

— Ainsi, c'est entendu, nous nous marierons là-bas ?

Suzanne établissait nettement ce qu'elle désirait, enfin elle était tranquille. C'est que depuis la veille la veuve pensait à la surprise que la nouvelle de son mariage allait provoquer. Elle savait bien ce qu'elle valait, et tous ceux qui l'avaient connue dans son ménage, tous ceux qui avaient approché son mari savaient quel pénible fardeau elle avait été pour lui. Elle l'avait compromis, ruiné, ridiculisé... et s'il était vrai que l'honneur du mari soit dans le corps de sa femme, le pauvre garçon avait été souvent déshonoré.

Suzanne n'avait écouté que ses sens, ce qui avait donné à sa vie une singulière direction. Elle niait tout. Pour elle, ses actions ne devaient pas laisser plus de trace que le passage de l'oiseau dans l'air. L'amant qu'elle avait eu était oublié le lendemain ; il partait et son ombre s'effaçait du mur, comme le souvenir de son cœur. Ce passé qu'on lui avait rappelé maintes fois, elle le qualifiait de calomnie, et elle s'appliquait surtout à ce qu'il n'arrivât pas aux oreilles de Caniel.

Parisienne, elle savait que le lendemain des publications dans le tableau de la mairie, ses anciennes compagnes, celles qu'elle n'avait pas ménagées, ne laisseraient pas échapper l'occasion de lui rendre le mal qu'elle leur avait fait. Elle redoutait les lettres anonymes, les rires scandaleux à la mairie et à l'église, et elle cherchait un moyen d'éviter tout cela. Pourquoi ne pouvait-elle pas se marier sans rendre cette union publique ? Elle trouvait la loi absolument absurde. Ce n'était pas qu'on vînt dire à son fiancé ou qu'on lui écrivît qu'elle avait eu des amants qu'elle redoutait. Elle lui jurerait le contraire et elle était assurée de le convaincre ; qu'on lui apprît que non contente de s'être conduite dans son ménage comme la dernière des catins, mais qu'elle avait été la plus méchante femme qu'on pût voir, il lui suffirait de dire en pleurant et d'un air sacrifié : « Pauvre homme, je voudrais qu'il en fût ainsi ; il aurait eu une raison pour m'abandonner. » Ce qu'elle craignait, c'est qu'on ne dît que son mari avait volé, non pour le mari dont elle n'était pas responsable, mais parce que Richard ne manquerait pas d'aller aux renseignements, et alors, il entendrait tant de louanges du mari (avant le vol) qu'il serait obligé de croire ce qu'on lui dirait sur la femme.

En partant à Saint-Maixent, en vivant les derniers mois de son veuvage à Caniel dans le château du comte, elle dépistait les médisants et assurait l'avenir. Aussi, insouciante, douce et caressante, elle fit l'enfant, voulant partir tout de suite, le lendemain. Richard céda.

— C'est bien extravagant... mais bah ! je ferai ce que vous voudrez; nous partons demain. Je vais télégraphier à mon oncle notre arrivée.

Suzanne était trop adroite pour s'exposer à une mauvaise réception, et surtout donner lieu à de mauvaises suppositions en arrivant seule avec son fiancé, ayant passé la journée en chemin de fer, et elle dit :

— Non... vous plaisantez, Richard, est-ce que je puis voyager avec vous seule pour arriver chez votre oncle ?...

— Vous avez raison !... Comment ferons-nous ?

— C'est simple. Partez demain matin... Moi, je vais prévenir ma tante Alice, et je l'emmène avec moi...

— Votre tante Alice ?

— Oui, c'est une bonne vieille qui vit aux Batignolles, une sœur de ma mère. C'est ma seule parente... et je la vois si peu, elle peut à peine marcher.

— Vous ne m'en aviez pas parlé...

Il n'y avait aucune raison pour que Suzanne parlât de la vieille Alice, qui n'était point sa parente, mais une amie de sa mère, une vieille maîtresse de piano réduite à la plus profonde misère. La jeune veuve comptait avec une toilette neuve et quelques centaines de francs lui faire jouer le rôle qu'elle voulait.

Il fut entendu que Richard partirait le lendemain. Son fiancé n'étant plus à Paris, Suzanne serait rassurée. Elle ne partirait que deux jours après. Il lui fallait ce temps pour commander ses toilettes et faire ses malles. En femme prudente, elle dit à Caniel d'écrire sur une de ses cartes : « Je prie ma concierge de remettre au porteur lettres ou objets reçus pour moi. » Avec ce mot, elle ferait prendre le surlendemain ses lettres et les lui apporterait. C'était tout naturel.

Le lendemain, Richard et son domestique partaient par le premier train. Suzanne allait chercher la vieille Alice, la gardait chez elle, ·l'habillait et la stylait. Aussi, la veille du départ, elle envoya son concierge chez le portier de M. de Caniel. Il devait dire à ce dernier qu'il était chargé de prendre chaque jour la correspondance de M. Richard de Caniel et il montrait sa carte. Le portier de Suzanne devait, tous les deux jours, lui envoyer, sous une grosse enveloppe, la correspondance de Suzanne et de Richard. Le surlendemain, son amie Angèle avait passé la journée à faire des emplettes avec elle ; le soir, Suzanne avait offert son « dernier dîner de fille ». Angèle avait couché avec son amie afin de se trouver près d'elle à la première heure pour l'aider dans les derniers préparatifs du départ. La tante Alice, fagotée comme une douairière, était superbe ; la petite partie promise la ravissait, c'était bien plus l'extérieur que l'intérieur qui avait vieilli chez la vieille maîtresse de piano : les dents étaient très belles, l'estomac fonctionnait admirablement ; elle était maigre, c'était que sa vie était un long carême ; aussi était-elle gourmande et la perspective de la vie de château, de la nourriture plantureuse d'un gentilhomme campagnard, la remplissait d'aise ; elle rêvait de se faire une seconde jeunesse par les graisses qu'elle allait glisser sous sa peau. On avait répété les :

— Ma chère nièce... ta sainte mère ma sœur... Mon beau-frère disait au ministre : Ma Suzanne se mariera selon son cœur.

— C'est très bien, ma bonne Alice.

— Habitue-toi à m'appeler ta tante.

— C'est vrai... Tu sais que tu as dans la malle deux toilettes superbes.

— Mais tu ne me quittes pas là-bas !...

— Non, non... J'ai écrit à M. de Caniel... Nous aurons, paraît-il, un appartement indépendant dans une aile du château

— Ainsi, demanda Angèle, c'est sérieux... tu vas être baronne ?

— Oui, répondit en souriant Suzanne, en attendant que notre cher oncle veuille bien nous faire hériter...

Alors je serai comtesse... si tu savais comme ça m'amuse...

Elle se gantait, et le concierge ayant descendu les malles, elle lui dit :

— Vous m'avez bien comprise, n'est-ce pas? tout les trois ou quatre jours, vous m'enverrez mes lettres et celles que vous irez prendre chez M. de Caniel, dans une grande enveloppe hermétiquement fermée et cachetée...

— Tu te fais adresser ses lettres, dit Angèle à mi-voix.

— Tu comprends qu'il ne peut recevoir à Paris que les lettres des petites camarades où l'on en dirait de raides sur moi... Mes bonnes ennemies iront prendre l'adresse dans le cadre des publications à la mairie... Je veux lui éviter le chagrin qu'il épouverait en les lisant, répondit Suzanne sur le même ton en riant.

— Dis donc, tante Alice, tu pars avec les bagages et tu m'attends à la gare. Je vais faire une petite course avant de partir.

Suzanne et Angèle descendirent, montèrent en voiture et se firent conduire à la mairie.

— Où allons-nous donc ? demandait Angèle.

— Lire les publications : je veux m'assurer avant de partir que tout est en règle.

— Déjà vos publications... mais tu ne peux te marier que dans quelques mois.

— Oui, pendant le temps de l'affichage, les lettres anonymes vont pleuvoir, c'est à quoi je veille; quand nous serons retirés du cadre, on oubliera, et lorsque nous nous marierons je serais tranquille.

Elle entraînait Angèle sous le péristyle où se trouve le grand cadre grillé. Suzanne, après avoir cherché, et inquiète de ne pas trouver l'acte, s'écria gaiement :

— Ah voilà ! tiens.

Elle regarda vivement autour d'elle, et rassurée de se trouver seule, elle lut :

« Ta, ta, ta, promesse de mariage entre Monsieur Richard (Guillaume), baron de Caniel, âgé de trente-deux ans, propriétaire, rue, etc., » fils de etc., etc., et Madame Marceline-Suzanne Haudin, veuve de Marius Debret, rentière, etc., etc... » Tu vois, ça y est... il n'y a plus à y revenir...

Toute joyeuse, frétillante de gaieté, elle glissa son bras sous celui de son amie et l'entraîna vers la voiture... Elles y remontèrent et se firent conduire à la gare d'Orléans.

— Ma chère, tu ne reviendras pas avant quatre mois de là-bas.

— C'est probable, tu comprends que si beaucoup de jeunes mariés s'éloignent de Paris pour faire leur voyage de noces, nous, nous ferons le contraire. Autant maintenant je désire ne pas être remarquée, autant alors je serai aise de me montrer avec mon mari...

— Et Mme la baronne aura toujours un peu d'affection pour son amie ?

— Oh! gros bêta... je n'ai qu'un regret, c'est de ne pouvoir t'emmener avec moi... C'est toi qui, la première, apprendras notre retour.

— Mais tu vas m'écrire, j'espère, en arrivant là-bas.

— Non, je ne t'écrirai pas en arrivant, je n'aurai rien à t'apprendre, un mot peut-être qui te dira si nous avons eu de la famille une bonne réception. Mais tu recevras une longue lettre de moi quand je me serai apprivoisée là-bas... Et puis, écoute, Angèle, assurément, dans quelques jours, on te demandera des renseignements sur mon mariage...

— Je n'en donnerai aucun.

— Plus que ça, tu le nieras absolument, tu diras que c'est rompu, ça devait se faire ; tout ayant été brisé, honteuse de l'échec, je dois aller à... à Bruxelles. On apprendra la vérité quand tout sera fini.

— Mais alors, ne crains-tu pas les méchancetés à ton retour?

— Oh! cela m'est indifférent.

Se tournant vers elle, prenant ses mains dans ses mains, et regardant affectueusement Angèle, Suzanne lui dit : Voyons, ma grosse bébête, tu sais bien la vérité sur mon mariage.. Ce n'est pas de cet amour-là que je mourrai! n'est-ce pas? Je me marie pour avoir la situation que j'ai toujours rêvée... Si j'ai peur aujourd'hui, c'est parce que je crains qu'une indiscrétion ne me fasse manquer ma situation... Une fois mariée chez le maire... et chez le notaire surtout — car il ne veut pas que ses parents sachent que je suis pauvre, et il me reconnaît dans le contrat un apport.

— Combien ?

— Je ne sais pas... si j'avais paru m'intéresser à cela il aurait eu de la méfiance ; je le saurai là-bas... En cas de malheur, j'aurai toujours un peu plus que la pension pour laquelle Marius s'est fait mourir... Lorsque nous serons bien mariés, si en revenant à Paris il apprend quelque chose... je ne me donnerai pas la peine de nier, je lui dirai : Mon ami, vous ne m'avez pas demandé ce que j'avais fait quand j'étais libre, vous saviez bien que j'avais été mariée, — or, si quelqu'un devait se plaindre, c'était mon premier mari ; — vous n'avez, vous, à être exigeant que depuis le jour où vous m'avez connue... Le passé ne vous regarde pas...

— Tu lui diras ça ?

— Absolument... Je comprends qu'un homme qui épouse une jeune fille soit sévère, s'il ne trouve pas en elle ce qu'il cherche... Mais une veuve... Non ! C'est le contraire qu'il a le droit d'exiger : de l'expérience.

En se regardant, les deux femmes éclatèrent de rire, puis Suzanne dit pour conclure :

— Mieux vaut que cela n'arrive pas... car cela pourrait tourner au drame...

— Si ça se passe comme cela s'est passé avec mon premier, ça ne m'effraye pas... si pour me punir il se tue... me vois-tu libre, riche et baronne !... Ah ! si on m'entendait, ma chère !

Et elle sourit d'un air confus...

La voiture entrait dans la cour de la gare. Tante Alice attendait anxieuse sur les marches. Les deux jeunes femmes sautèrent de voiture. La tante, à laquelle Suzanne venait de donner son porte-monnaie, alla prendre les billets et faire enregistrer les bagages.

Les deux amies s'embrassaient presque amoureusement, des larmes coulaient sur les joues d'Angèle La cloche sonna.

— Allons, adieu...

— Au revoir... écris-moi... tu me le promets, ma Suzanne... au revoir.

La vieille Alice entraîna Suzanne sur le quai. Toutes seules dans le compartiment, elles se placèrent en face l'une de l'autre, et la tante Alice demanda :

— Dis-donc, Suzanne, nous descendons chez l'oncle de ton prétendu. Tu m'as dit que c'était le comte de Caniel... Comment doit-on lui parler ? Doit-on dire monsieur le comte ou monsieur de Caniel...

— Ma foi ! je ne sais pas... Seulement, je t'en supplie, ne l'appelle pas par son petit nom, c'est tout ce que je te demande, fit Suzanne en riant.

— Es-tu méchante !

Le train se mit en marche, et Suzanne, blottie dans le coin, rêvait en souriant à son avenir.

VI

A MON BEAU CHATEAU

Les mois s'étaient écoulés sans que Mlle Angèle eût reçu des nouvelles de son amie, et la gracieuse jeune fille s'était dit philosophiquement :

— Elles sont toutes les mêmes. Il semble qu'en changeant de situation, elles changent de cœur. Quand elle avait besoin de moi, nous étions bonnes amies. Maintenant qu'elle est casée, adieu Angèle, et cependant Dieu sait si je me suis trémoussée pour elle lors de sa séparation, si je lui ai fait de petites courses désagréables. Bah ! n'y pensons plus !

Cependant une lettre arriva, que Mlle Angèle reçut dans son lit, et qu'elle lut avec joie, en disant :

— Ah ! voilà un bon réveil... Cette chère Suzanne, je savais bien qu'elle ne pourrait pas m'oublier...

Elle s'assit sur son lit, dans le flot de dentelles de ses oreillers, et pendant que la femme de chambre, après avoir tiré les rideaux, servait le chocolat, elle lut.

Caniel, par Saint-Maixent.

« Ma belle petite Angèle,

» D'abord je t'embrasse de tout mon cœur ; il faut m'excuser d'avoir été si longtemps sans te donner de mes nouvelles, mais je dois t'en dire la raison d'abord. Dès les premiers jours de mon arrivée, j'ai reçu trois grosses lettres de mon concierge dans lesquelles j'ai trouvé les bonnes petites infamies anonymes que je redoutais. Je crois bien que cela vient de cette fille Colette qu'on nomme la Petite Cayenne (et tu serais gentille de t'occuper à savoir ce qu'elle est devenue.) Si Guillaume, ou Richard, si tu aimes mieux, avait lu cela... je n'ose pas y penser ! Je reviens à ce que je te disais. On a remarqué que je recevais des lettres, et la marquise de Fénenville, comtesse de Teille, dont le petit nom est Damase — tu ne connaissais pas ce saint-là — ma future tante, un type qui porte des chapelets en ceinture, et il les faut grands, qui communie tous les deux jours et boit de l'eau de Lourdes en tisane — une sainte femme enfin — se disputant du matin au soir avec l'oncle, le comte — un brave homme, celui-là, qui ressemble à notre boucher — je reviens à ma future tante : elle m'a demandé avec une indiscrétion qui semblait toute naturelle : « De qui donc recevez-vous des lettres puisque vous n'avez pas de famille ? » J'ai été un peu décontenancée, j'avais envie de lui répondre que c'était du curé, mais il ne faut pas plaisanter avec elle, et j'ai dit que mon concierge m'envoyait les lettres et les factures de mes fournisseurs. Cette vieille me guette depuis ce temps pour savoir si je réponds. Tu comprends mon silence. Aujourd'hui elle est malade, elle renonce pour quelques jours à l'eau de Lourdes, qu'elle ne peut supporter que quand elle se porte bien ; mon futur est en grande conférence avec le comte « mon oncle, » je suis libre et j'en profite pour t'écrire.

» D'abord mon fiancé (que tout le monde nomme Guillaume ici) n'est plus du tout le même qu'à Paris, il paraît ici beaucoup plus sérieux ; il paraît qu'il faut être comme cela en province. Tout ce qui nous ferait à peine rire là-bas, fait crier ici. On s'est occupé pendant trois semaines de mes toilettes, on ne parlait que de ça. Ces dames m'ont prié de prêter à leurs couturières mes costumes pour prendre des patrons. Il paraît que l'oncle est très fier, on dit que je suis d'une distinction dont rien n'approche... Le dimanche il y a des gens qui m'attendent à la sortie de l'église et qui m'admirent. Quand je pense qu'à Paris on me regardait si peu aux courses ou au Bois.. Si tu voyais ce qu'on nomme des beautés... C'est comme au concours régional, c'est à la taille et au poids qu'on les juge.

« Du caractère de mon futur époux, voici ce que je pense : il est bon, absolument bon, et fera tout ce que je voudrai ; il m'adore... oh ! mais une adoration !... tu ne peux t'en douter... il me respecte comme une madone, c'est-à-dire que ça me fait rougir... Seulement, je le crois d'une jalousie féroce, et quand je l'entends parler avec son oncle sur le point d'honneur... oh ! mais, il ne transige pas. Il me faudra donc être très circonspecte à Paris. Je crois même qu'il sera prudent de n'y faire qu'un court séjour, non pour revenir ici... (oh ! Seigneur, ayez pitié de moi !) mais pour faire un assez long voyage. Au bout d'un an ou deux on ne retrouvera plus personne.

« Je suis absolument bien reçue et bien vue par toute la famille ; il va venir beaucoup de monde au château ces jours-ci, car mon mariage est prochain, je ne veux pas te dire le jour.

« Alice est superbe, ma chère, elle est toute la journée avec la tante Damase, qui est gourmande comme une chatte ; elle ne communie le matin que comme apéritif. Je crois qu'Alice, pour se mettre très bien avec elle, suit son régime. L'autre jour elle me disait : « Tu devrais me laisser ici, j'aurais de belles leçons et je gagnerais ma vie »... Vois-tu ça ! Madame ma tante, donnant des leçons !... Guillaume parle de lui faire une pension ; tu vois comme il est bon !

« Le comte de Caniel, mon futur grand-oncle, m'a

emmenée l'autre jour dans un salon immense qui ressemble absolument au musée d'artillerie ; tu vois la douce gaieté qui y plane ; il m'a montré cinq grands portraits. « Nos aïeuls », a-t-il dit. Ils étaient très laids et mal peints ; si les bons amis chez lesquels nous allions quelquefois à la place Pigalle voyaient ça, ils en feraient un charivari. Je n'ai pas besoin de te dire que je me suis extasiée et que, comme éblouie, je me suis écriée : « Quel grand air ils ont ! » L'oncle alors m'a enlevée comme une plume et m'a embrassée. Puis il m'a fait asseoir dans un fauteuil qui me rappelle les accessoires du théâtre Montmartre, et il m'a dit : « Ma chère nièce, permettez-moi de vous donner déjà ce nom, vous allez entrer dans une famille dont le seul nom est le synonyme d'honneur. Nous étions autrefois des soldats, nous sommes aujourd'hui des cultivateurs, deux carrières qui élèvent ceux qui les choisissent ; aujourd'hui comme autrefois, à l'homme le danger et le labeur, à la femme la douceur, la bonté, la consolation, la charité. Chez nous le chef de famille dit : Tout pour ma femme et mes enfants. Vous ne devez plus avoir qu'une pensée l'époux ; en vous donnant son nom, c'est son honneur qu'il vous confie... Mon neveu vous a choisi, il vous aime, je vous aimerai — je l'appelai mon fils — vous êtes ma fille. Mon neveu est riche, mais, moi aussi ; à vous deux vous en aurez de trop, il faut donc vite nous donner des petits enfants... J'aimerais ne quitter la terre qu'avec l'assurance que mon bien est bien placé. » Il m'embrassa encore, me prit le bras et me ramena vers les appartements. Ah ! ma pauvre Angèle, tu vois ma tête, j'étais devenue pâle ; quand il m'avait parlé d'honneur, je croyais qu'il y mettait une intention, puis, rouge, je ne trouvais pas un mot à dire et je n'osais le regarder, je recevais ça comme une douche. Et c'est la voix qu'il fallait entendre. Vois la perspective : pour plaire à mon oncle, M. le comte, je me mets à jouer les mères Gigognes... C'est à se tordre.

« Aujourd'hui, il y a un grand remue-ménage ; il nous arrive des voiturées de monde ; je te jure qu'on ne voit ces gens-là qu'au théâtre du Palais-Royal... la première voiturée, l'oncle a dit : « Oh ! les chasseurs ! » J'ai cru que c'était un cirque.

« Je vais te faire un aveu. C'est pour demain. Ainsi quand tu recevras cette lettre (pourras-tu lire mon griffonnage et comprendras-tu mot ?...) Quant tu liras cette lettre, je serai madame la baronne de Caniel, et il a été convenu ici que l'on nous conserverait le nom d'enfant de mon mari, on le désignera : le petit baron pour le distinguer d'un frère mort, et moi la petite baronne.

« Ça m'amuse comme tout.

« Ma petite Angèle, sois assez gentille pour te rendre rue Brémontier ; dis à la concierge de faire nettoyer tout, nous revenons avec des gens d'ici. Cela est mieux. Pendant quelque temps, je me méfie dcs femmes de chambre, Parisiennes trop bavardes.

» Je ferme ma lettre sans la relire, car j'entends marcher autour de la chambre où je suis enfermée; on va encore m'amener une smala de parents. Ce qu'on s'embrasse ! il faut voir ça; les nobles parents de mon mari vous posent leurs lèvres comme des ventouses, jamais je n'ai eu les joues rouges comme ça.

« Je t'embrasse de tout mon cœur, ma chère petite Angèle. Tu sais que tu es la fille d'un brave général, tu as été élevée à la Légion d'honneur, tu donnes des leçons de français et d'anglais. C'est la petite biographie que j'ai faite de toi, nous nous connaissions avant ton entrée en pension. N'oublie pas ça, car un mo te préviendra de mon arrivée.

« A bientôt, je t'embrasse encore.

« Ta bonne amie.

« J'ai envie de dater de demain pour signer « Baronne.

« En attendant,

« Ta Suzanne. »

Cette lettre ne fit qu'augmenter l'anxiété d'Angèle, l'amie de Suzanne savait l'importance de la partie qui se jouait, et elle ne serait certaine que son amie l'avait gagnée qu'en apprenant que le mariage était conclu. Jusqu'à la dernière heure, on pouvait craindre un obstacle. Elle était dévorée d'impatience, et chaque matin elle envoyait sa femme de chambre demander si des lettres étaient arrivées. Elle avait des envies folles d'écrire à son amie pour avoir des nouvelles, se persuadant que si Suzanne ne lui avait pas écrit, c'est que rien de fâcheux n'était survenu, à d'autres moments, se disant : Je ne reçois pas de nouvelles ; une catastrophe doit avoir tout brisé :

Enfin, huit jours après, sa femme de chambre lui remettait une lettre qu'elle lut avec joie :

Caniel, par Saint-Maixent.

« Ma chère Angèle,

« Depuis six jours je suis mariée, et mon mari est absolument charmant ; je crois que je l'aimerai bien, mais pour cela il faut que je me fasse à ses défauts.

« Ce que je te dis te semble drôle ! Déjà, je lui trouve des défauts !

« C'est que, ma bonne chérie, les hommes comme les femmes, pendant qu'ils se font la cour, jouent constamment la comédie, se trompant l'un et l'autre, sur leurs goûts, sur leur caractère, sur leurs manières. Ainsi, il me semblait très enthousiaste, il est très calme ; il me paraissait confiant, il est jaloux et ombrageux ; je le croyais naïf et facile à diriger, il a une volonté froide et sans emportement... Tout cela, aujourd'hui, n'est que prétexte à rire, parce que nous ne vivons que de concessions... mais j'ai un peu peur de l'avenir. Bah ! je suis folle, n'est-ce pas, de ne pas m'occuper seulement du présent qui me satisfait tant.

« Le lendemain du jour où tu recevais ma lettre

j'avais revêtu le costume gris perle, dont tu as sur-
veillé l'expédition et duquel tu peux, sans réserve,
faire des compliments à Olympe. Une merveille.

« Je ne veux pas me faire valoir outre mesure, mais
j'étais jolie à croquer, et si je n'avais pas eu du
monde autour de moi, je me serais volontiers embrassée dans la glace de ma chambre.

« C'est le comte, mon oncle, qui, habillé et raide
comme un maître d'hôtel du café Anglais, digne, m'a
conduite dans un carrosse — dont les roues jouaient
de la musique tout le long du chemin — à l'église
(car, la veille au soir, nous avions été mariés à la
mairie). Mon mari était très élégant, tante Alice
méconnaissable; elle était bien dans l'emploi, prêtant
son bras à ma tante la marquise, sa bonne amie. Rien
n'était plus réjouissant que ce tableau; juge. Tu sais
qu'Alice serait largement vêtue dans un fourreau de
parapluie; voulant faire bénéficier tout le monde des
avantages de sa taille, elle s'est fait faire une robe
collante. Au contraire, ma tante la marquise est
énorme, et dans sa robe de velours, ne voulant pas,
comme dans la chanson, « cacher c'qu'est beau à
voir », elle s'est abominablement décolletée. A
première vue, on croit à une indécence, on se refuse
à penser que des seins atteignent ce volume. En
tenant Alice par le bras, elle avait l'air de s'appuyer
sur son parapluie.

« Il y avait un monde fou. Malgré moi, ma chère,
j'ai ressenti une grande émotion dans cette petite

église, en voyant ce porche ouvert formant comme un cadre gris de pierres sculptées dans lequel on apercevait au fond la chapelle resplendissante, les cierges jetant leur lumière rouge... tout cela ne me semblait qu'or et lumière... A la porte, le suisse qui frappe de sa canne, et aussitôt défilent curés, vicaires, chantres et enfants de chœur qui se placent sur une ligne pour nous recevoir... l'orgue retentit et le suisse tout chamarré d'or vient au-devant de nous avec le bedeau pour nous conduire à nos places...

» Ce n'est pas pour me vanter, mais ce n'était qu'un cri d'admiration dans l'église, et si l'orgue n'avait joué si fort on aurait entendu leurs exclamations. — Tu me vois d'ici, n'est-ce pas? ma main sur celle du comte, mon oncle, et marchant les yeux baissés. C'était un brouhaha indescriptible. La voix grave de l'orgue, les cris des chantres, le miaulement des enfants de chœur, le heurt des chaises, le bruit des chaînes d'encensoirs, le va-et-vient des invités, les froufrous d'étoffe, joins à cela les vapeurs d'encens que nous envoyaient à pleines volées les thuriféraires. J'étais très vivement impressionnée, à ce point que l'oncle me dit :

» Eh! mon enfant, qu'avez-vous donc ? Vous tremblez, on dirait que vous allez vous trouver mal. »

« S'évanouir dans l'église, vois-tu l'effet!

» On comprendrait ça chez une débutante, et encore... passe à la première communion, mais à son mariage!... On fait encore de ces choses-là, quand on veut bien jouer la comédie au seuil de la chambre nuptiale... Puis la cérémonie a commencé. Je ne plaisante plus; tu le sais, on fait ce qu'on veut, on rit, on s'amuse... mais la religion, c'est sacré! J'ai bien prié, va, et j'ai pensé à ma vie nouvelle, me promettant désormais de vivre honnêtement, saintement. J'ai remarqué que Guillaume était très religieux. Le curé a été charmant, il a raconté des choses étourdissantes, ce brave homme; il m'a dit que la famille était fière de me recevoir, et que je devais être également fière d'être adoptée par elle. Ça me fait beaucoup plaisir... Le retour au château n'a été qu'une longue ovation, et toute la journée je n'ai reçu que des bouquets.

» Je ne te parle pas du festin, c'était splendide! dans cette même grande salle qui m'avait paru si lugubre et qui est très belle au contraire, toute tendue de tapisseries, sur lesquelles sont accrochées des armures; c'était superbe... Jamais Alice n'a mangé comme ça : j'avais envie de lui conseiller de changer de robe; assurément, elle devait être serrée... Après le dîner, elle a eu un petit succès; elle s'est mise au piano et a joué admirablement — elle était un peu lancée, et tu sais avec quelle crânerie elle joue lorsqu'elle est ainsi; — elle voulait chanter; j'ai cru devoir priver les invités de cette petite fête, ça m'aurait rappelé la musique des roues du carrosse.

» Enfin, ma belle Angèle, ç'a été une belle journée dont je garderai un bon souvenir. Je te passe la soirée, à la fin de laquelle je suis partie avec Guillaume, évitant que notre fuite fût remarquée. Nous nous sommes promenés longtemps sur une vaste terrasse, au clair de lune; il avait son bras autour de ma taille, je m'abandonnais, un peu penchée sur lui; il me parlait bas, mais ardemment, parfois m'embrassant, et je le sentais mâchonner mes cheveux. Il faut de la force pour se contenir longtemps ainsi avec un homme qui vous jette des mots enflammés dans les oreilles... dont on sent le souffle sur ses lèvres; et j'étais forcée de me contenir, quand je me sentais toute dévorée de désirs; j'avais des envies folles de jeter mes bras autour de son cou et de répondre en plaçant mes lèvres sur les siennes. Mais tu comprends que je ne voulais pas me compromettre par une légèreté, et c'est lui qui a dû m'entraîner un peu de force vers la chambre nuptiale... Enfin, c'est fini !

« Nous avons gardé tous les invités pendant cinq jours. Aujourd'hui, Dieu merci, nous sommes libres et la maison reprend son calme. Demain ce sera sa monotonie, car maintenant que la farce est jouée, pour rien au monde je ne voudrais demeurer dans *notre* château... j'y mourrais. Heureusement, Guillaume partage mes sentiments à cet égard. Nous allons, demain, faire des excursions dans les environs; il veut me montrer *nos* propriétés, *nos* domaines. Il paraît qu'il y a deux petits châtelets que nous pouvons habiter. Dans huit jours nous serons de retour au château, nous ferons nos adieux au comte, mon oncle, et nous partirons en voyage. Cela durera peut-être deux mois, de façon à nous trouver à Paris à l'automne.

« Ainsi, ma chère Angèle, je ne te reverrai pas avant deux mois : si cependant nous allons aux bains de mer, ainsi que j'en caresse le projet, je t'écrirai, et tu ferais le possible pour venir. Tu feindrais de nous rencontrer et je te conterais longuement mes petites aventures. Au reste, je vais expédier dans quelques jours Alice. Elle ira te voir aussitôt son arrivée et te racontera tout cela.

« Je termine cette lettre en t'embrassant comme je t'aime, ma bonne Angèle. A bientôt, et j'espère à Paris avoir beaucoup de temps à moi ; Guillaume aura des occupations. Je t'embrasse.

« Ta bonne amie.

» Baronne de Caniel. »

En voyant la signature, Angèle éclata de rire, et elle s'écria :

— Ah ! enfin, elle signe ; si elle le pouvait, elle emplirait la page ; ce qui m'étonne, c'est qu'elle n'ait pas fait un post-scriptum afin de pouvoir le signer encore... Pourvu que ça dure ! ajouta-t-elle, avec un sourire singulier.

Quelques minutes après, elle recevait nne dépêche lui annonçant l'arrivée d'Alice.

Angèle se prépara aussitôt à recevoir son amie, heureuse à la seule idée qu'elle allait connaître toutes les médisances, toutes les méchancetés que Suzanne trop discrète lui avait cachées dans ses lettres. Deux

femmes peuvent avoir l'une pour l'autre la plus sincère amitié ; aucune ne consentirait à faire quoi que
ce fût qui puisse nuire à son amie, mais elle éprou-
vera le plus grand plaisir à savoir que tout le monde
n'agit pas avec la même réserve, et tout en la défendant, le mal qu'elle entendra dire d'elle lui sera très
agréable.

C'était le cas d'Angèle ! Oh! certainement, elle
était prête à défendre Suzanne, mais c'est avec une
douce satisfaction qu'elle entendrait les petits potins
qu'on avait dû faire sur elle.

Quand Alice entra, Angèle la salua d'un cri de
joyeuse stupéfaction :

— Ah ! mon Dieu ! mais tu es grasse, Alice !...

— Tu ne te figures pas ce que la vie de famille me
fait de bien, répondit Alice en riant, et vois comme
c'est singulier, plus j'engraisse plus j'ai d'appétit.

— Tu vois que j'avais fait préparer un déjeuner
pour toi, fit Angèle, lui montrant le couvert dressé
dans la salle à manger.

Elles se mirent à table, il ne fallut que quelques
questions pour mettre Alice en train. Elle raconta :

— Ma chère, c'est un mariage étourdissant ; le plus
jeune de la famille c'est le mari de Suzanne, tous les
autres sont de vieux tableaux ; — tu n'as pas idée de
ça — pendant dix jours dans ce château, tu te serais
crue dans un hôpital pour la vieillesse, aux Incu-
rables. Le matin et le soir tu ne voyais les domestiques porter que des tisanes et des lavements... ja-

mais de ma vie je n'ai entendu tousser autant ; le premier soir, j'ai cru qu'on nous donnait un charivari...

— Alors tu n'as pas fait de conquête, dit Angèle riant, en mettant une deuxième cotelette dans l'assiette d'Alice.

— Laisse donc... c'est honteux !... si tu avais entendu les propositions de tous ces vieux paillards-là... Ça va à l'église et à confesse, et quand ça vous rencontre solitaire, ça vous pince partout...

— Il fallait céder, dit Angèle en riant plus fort.

— Oh ! merci !... ça se passait en conversation... Ah ! les pauvres vieux... Enfin, tu comprends, tous ces gens-là ont pour unique héritier Guillaume de Caniel... elle sera plus que millionnaire dans quelques années.

— Mais comment va le ménage ?

— Tu connais bien le caractère de Suzanne, elle a ensorcelé tout le monde là-bas... elle avait des airs de vierge et des mutineries d'enfant, qui les rendaient fous d'elle... Son mari l'adore... seulement, il est absolument convaincu qu'elle est la pureté même. Elle lui a raconté des histoires à dormir debout... par exemple, que son premier mari était un débauché et un joueur, qu'il a presque toujours vécu éloigné d'elle. C'est à peine si elle a connu l'amour, car son mariage avait été fait par la volonté de ses parents... l'autre croit tout ça. Il aurait pris une jeune fille sortant du couvent qu'il n'aurait pas plus de retenue devant elle...

— Tant mieux !

— Non pas tant mieux — parce qu'il est très jaloux — la moindre chose le tourmente ; ainsi il croit que j'étais une mauvais conseillère pour sa femme et il était bien aise de me voir partir...

— Pourquoi est-il jaloux ? elle n'est pas coquette là-bas ?...

— Au château, non, puisqu'ils ne reçoivent que des invalides, et on croirait, — n'est le costume — que ce sont les bons hommes des tableaux de la salle d'armes, qui descendent le soir faire leur partie... et prendre de la tisane... Mais, deux ou trois voisins qui sont venus rendre des visites, ont été reçus par elle, et sa grâce à les recevoir l'a ennuyé.

— Mais, alors, c'est un raseur...

— Un peu ! il faut dire qu'il y avait la lettre.

— Quelle lettre ?

— Elle ne t'a pas parlé d'une lettre qu'il avait reçue à Caniel, venant de l'étranger.

— Non. Ah ! dis-moi cela.

Et cessant de manger, Angèle, le visage animé par la curiosité, avançait la tête.

— Je croyais qu'elle te l'avait écrit. Quelques jours avant le mariage, il se présenta chez elle le matin, — j'étais là ; — il était très pâle, il lui dit :« Suzanne, vous m'avez dit que vous n'aviez rien à redouter ; je ne veux pas vous cacher ce qu'on m'écrira ; lisez. » Et il lui tendit une lettre. Ma chère, tu sais comme elle est forte, Suzanne ; c'est là où j'en ai eu la preuve; la face n'a eu qu'une crispation, visible seulement pour moi qui l'observais, puis elle a pris la lettre qui ne contenait que ces mots :

« Monsieur, au nom de votre honneur, rompez l'union que vous projetez. Cette femme, créature éhontée, vous ferait commettre un crime. Pendant quelques jours on peut aimer une femme semblable, mais on ne l'épouse pas.

« Elle n'a le droit d'épouser personne.

« Une amie. »

— Ma chère, elle a lu ça tranquillement, puis tout à coup elle est partie d'un éclat de rire si vrai, si juste, que lui et moi-même qui en avais encore un frisson dans les os, nous en étions stupéfaits ; c'est tout décontenancé qu'il lui a dit :

— Comment, cela vous fait rire !

— Ah ! oui, a-t-elle dit, comme si elle faisait des efforts pour ne pas rire encore. Ah ! oui... c'est à se tordre. J'ai reçu la pareille il y a deux jours — seulement elle était au masculin — et, me tendant la lettre, elle me dit gaiement avec un aplomb étourdissant : Tiens, tante Alice, lis-la ; n'est-ce pas la même lettre et la même écriture... que tu m'as fait brûler avant hier en me disant : Il faut mépriser ça et ne pas chagriner ton futur en lui montrant de pareilles infamies.

— J'étais toute interdite, tu penses, — M. de Caniel

me regardait et la regardait, paraissant heureux de cette singulière justification ; alors j'ai répété :

— C'est la même lettre au féminin — dis-je, et elle l'a brûlée...

M. de Caniel souriait, elle ajouta en me prenant la lettre.

— C'est absolument la même écriture, et en voici les changements :

« Madame, pour votre bonheur, rompez l'union projetée. Cet homme, avare, cynique et dépravé vous ferait commettre un crime. Pendant quelques jours il vous aimera pour vous abandonner ensuite... Il n'a le droit d'épouser personne.

                                « Une amie. »

— Vous avez reçu une lettre semblable, s'est-il écrié ; mais c'est abominable.

— Pas du tout, c'est toujours ainsi dans un mariage ; des gredins ou des farceurs imbéciles se livrent à cet odieux amusement.

— Ma chère, elle a été superbe d'audace et de calme. Et quand il est parti, absolument rassuré, je la regardais en hochant la tête; elle est tombée sur une chaise en disant :

— Ah ! ç'a été dur. Oh ! que j'ai eu peur...

Je lui demandai :

— De qui peut être cette infamie?

Elle a dit aussitôt :

— Il n'y a qu'une femme capable de ça. C'est la maîtresse de mon mari, Colette, celle que nous appelions la Petite Cayenne; elle se venge, car elle doit être convaincue que c'est à cause de moi que Marius s'est tué.

— Ah ! je comprends alors, dit Angèle, pourquoi elle me disait de chercher la Petite Cayenne. Ma foi, je n'y ai plus pensé.

— Enfin, reprit Alice, il a été rassuré, c'est vrai; mais depuis ce jour-là il est plus méfiant, et je crois qu'avec son caractère calme, s'il s'aperçoit jamais de quelque chose... elle en verra de cruelles.

— Il faut espérer que Suzanne ne sera pas assez niaise, maintenant qu'elle a sa position assurée, qu'elle ne manque de rien, qu'elle est heureuse enfin, de compromettre tout cela par un caprice...

— Ma foi, je n'en suis pas sûre, fit Alice; et le déjeuner continua.

Alice, elle aussi, avait été chargée de s'occuper de la Petite Cayenne. Convaincue qu'elle était l'auteur de la lettre anonyme adressée à Guillaume, Suzanne craignait qu'à son retour à Paris elle ne cherchât à voir son mari, pour lui raconter ce que par Marius elle savait sur elle; la perspective était peu rassurante.

Quand elle dit à Angèle la mission qu'elle avait promis de remplir, celle-ci s'écria aussitôt :

— Si je ne m'en occupais pas avec toi, Suzanne m'en voudrait. Si tu veux, nous allons voir ça dès aujourd'hui. Mais tu es peut-être fatiguée ?

— Moi, pas du tout : je n'ai fait qu'un somme depuis Angoulême; on a dû me réveiller à l'arrivée à

Paris. Seulement, je voudrais me passer un peu d'eau
fraîche sur le visage, changer de linge, et je ne pen-
serai plus à mon voyage.

Angèle sonna sa femme de chambre, qui, se mettant à la disposition de la vieille maîtresse de piano,
l'accompagna dans le cabinet de toilette.

Une heure après, les deux femmes sortaient et se
dirigeaient rue des Petites-Écuries, où demeurait la
Petite Cayenne.

Là Angèle se trouva embarrassée et dit qu'il
eût été plus simple de s'adresser rue de Richelieu, où
travaillait celle sur laquelle elles voulaient avoir des
renseignements, mais Alice reprit aussitôt :

— Oh ! moi, ça ne m'embarrasse pas... Comme
maîtresse de piano, je demande à la concierge si je
peux avoir des leçons dans la maison ; je dis qu'on
m'a parlé d'une jeune ouvrière nommée Colette...
Ah ! je ne me souviens plus de son nom de famille.

— Colette Bénard, fit Angèle.

— C'est ça ? attends-moi, où seras-tu ?

Attendre dans la rue paraissait peu récréatif à Angèle, aussi dit-elle :

— Bah ! je m'ennuierais moins avec toi qu'à t'attendre dans la rue. Allons-y ensemble.

Alice ne s'était pas trompée. L'enquête était facile.
La concierge n'avait de secret pour personne ; elle
aimait causer, et n'ayant pas grand'chose à dire sur
elle, elle se rattrapait sur les locataires ; ce qu'An-

gèle et Alice, apprirent par elle les stupéfia. Nous le raconterons en quelques lignes.

Monsieur et madame Bénard étaient de très braves gens, qui n'avaient qu'une affection au monde, leur fille Colette, en laquelle ils avaient la plus grande confiance. Colette devait se marier à un jeune employé nommé Marius Debret. Les parents consentaient à cette union. Mais s'apercevant que le prétendu évitait toujours de fixer l'époque du mariage, le père l'avait mis en demeure de prendre un parti ou de ne plus venir. Il cessa ses visites, mais il voyait toujours mademoiselle Bénard. Un jour celle-ci raconta à sa mère qu'elle allait passer quelques jours dans une famille amie, et, le jour où elle devait rentrer, elle ne revint pas.

On fut très inquiet d'abord en apprenant que la jeune fille n'avait pas été vue par les personnes chez lesquelles on croyait qu'elle avait passé quelques jours ; le père de Bénard eut un soupçon, pensa que sa fille avait été vivre avec son amant. La mère pleurait, refusant d'y croire et redoutant un accident, un malheur. Le père, fou de colère, se rendit chez M. Debret ; il apprit alors que celui-ci s'était sauvé. Il fut convaincu que sa fille s'était laissée séduire par Debret et était partie avec lui.

Ce fut pendant quelques jours dans la maison — dit la concierge — un douloureux spectacle : la mère ne cessait de pleurer, le père était lugubre et maudissait son enfant. Les pauvres braves gens n'osaient plus

sortir de chez eux, se croyant déshonorés par la con-
duite de la malheureuse. Aussi Bénard évitait de parler de Colette, mais si on l'y obligeait, il se servait,
pour la qualifier, des injures les plus grossières, la
méprisant et la maudissant.

En quelques jours, les pauvres braves gens devinrent méconnaissables, la douleur les avait vieillis de
dix ans. La colère du père avait fait place à un acca-
blement qui inspirait la pitié. Puis tout à coup ils
apprirent qu'ils s'étaient trompés. M. Marius Debret,
qu'ils accusaient, était parti seul de Paris et s'était
suicidé. Colette, la pauvre enfant, n'avait donc pas
mal fait, elle avait été victime d'un accident ou d'un
crime, et cela ne faisait maintenant aucun doute, car,
quoi qu'on eût tenté, on n'avait jamais eu de ses nouvelles.

Et la concierge achevait de conter son histoire aux
deux femmes stupéfaites :

— La pauvre chère et innocente enfant est morte,
c'est bien sûr ! elle aura été assassinée en arrivant à
Enghien ou à Montmorency. Ah ! si vous voyez les
pauvres gens! jour et nuit, ils pleurent, se reprochant de l'avoir accusée, et j'ai entendu, ce brave
homme si sévère, dire un jour : « Ah ! mon Dieu ! eh !
croyez-vous que je n'aimerais pas mieux que la pauvre belle se fût sauvée avec celui qu'elle aimait. Mais
qu'elle vive, qu'elle vive, que ma pauvre vieille et
moi nous ne crevions pas comme des chiens, sans
personne pour nous fermer les yeux ! » Ah ! voyez-

vous, mesdames, en entendant ça et en voyant le pauvre homme, ça fendait l'âme. Ces braves gens ont reçu là un rude choc, ils sont frappés et n'y survivront pas. Pendant six mois, le père et la mère couraient tous les jours, cherchant des indices, rien... Maintenant, las, épuisés, ils restent toute la journée enfermés chez eux, parlant tout haut comme des insensés, devant son portrait ou son lit... C'est navrant...

Après avoir attendu quelques minutes afin que l'émotion fût calmée, Angèle demanda :

— Mais la pauvre petite n'avait pas la réputation que vous lui faites, ce n'est pas moi qui affirme cela ; on m'a dit qu'elle était.... coquette.... légère.... enfin que justement ce malheureux M. Marius Debret était son amant...

— Mais c'est une abomination, madame : les gens qui ont dit cela sont des misérables... Coquette, oui, elle était si jolie, sa coquetterie c'était de l'élégeance, mais point légère du tout ; gaie, rieuse, bonne, mais sévère.

— Comme c'est terrible les on-dit, vous voyez. Je croyais que c'était une jeune passionnée qui s'amusait... et qui à cause de cette ardeur avait été surnommée la Petite Cayenne.

— Si c'est possible!... Ah ! si son pauvre père entendait cela...

— Je vous répète que ce n'est pas moi qui porte ce jugement ; on dit...

— Je sais bien, ma petite dame. La chère enfant,

savez-vous pourquoi on l'appelait ainsi? Son brave
père, M. Bénard, avait fait de la politique sous l'empire, une conspiration — il est resté dix ans à Cayenne,
l'enfant tétait quand il a été pris. Or, toute petite,
quand on lui faisait dire : Papa à Cayenne, elle pro-
nonçait ça si drôlement qu'on la nommait la Petite
Cayenne... Vous voyez que ça ne ressemble pas à ce
que l'on vous a dit.

— C'est vrai! et c'est charmant ainsi, tandis qu'autrement c'est très lubrique.

— Pauvre sainte! fit la concierge.

Alice voulut remercier l'aimable concierge et lui
proposa des cerises à l'eau-de-vie; elle alla elle-même
les chercher, et les apportant, elle dit en riant tout
bas à Angèle :

— Crois-tu, si mon neveu et ma nièce la baronne
m'avaient rencontrée.

On trinqua; tout à coup la concierge fit un signe
aux deux visiteuses, leur désignant du regard un locataire qui descendait l'escalier, se disposant à sortir.
C'était un grand vieillard, un peu courbé, très pâle,
presque have, l'œil éteint, qui marchait la tête
baissée.

La concierge, ouvrant sa porte, lui demanda :

— Vous allez bien, monsieur Bénard... Vous allez
vous promener un peu?

Il essaya de sourire pour répondre :

— Oui... je vais descendre au boulevard, je vais
au-devant d'*elle*... c'est mon habitude...

Et il sortit.

— Vous voyez le pauvre homme, il va prendre le chemin qu'elle suivait en revenant de travailler, espérant toujours la revoir.

Les deux femmes, très émues, se hâtèrent de se retirer; malgré elles, elles pleuraient.

VII

NOUVELLES DE PARIS

Nous avons quitté Marius et Colette au moment où ils franchissaient la frontière française ; suivant l'itinéraire arrêté à Châlons, ils avaient visité le duché de Bade, s'étaient arrêtés à Heidelberg, puis à Francfort, pour aller s'embarquer à Mayence ; de là, ils avaient descendu le Rhin jusqu'à Cologne, et par la ligne de Verviers ils avaient gagné Spa, où ils avaient séjourné quelques jours, pour se rendre de là à Bruxelles où ils s'étaient fixés. Le voyage gaiement fait avait été plein de charmes pour les deux amoureux ; en même temps qu'il avait les joies de la possession légale, il avait la saveur du fruit défendu. Ils se considéraient comme deux époux, mais ils étaient surtout deux amants, et s'il est vrai que « l'amour cesse d'exister quand il cesse de craindre », leur amour devait être bien fort. Dans les auberges, lorsqu'ils étaient éveillés la nuit, ils prenaient peur, craignant que, sur une plainte du père de Colette, la police n'eût été mise à leurs trousses. Et ces terreurs les obligeaient à de nouvelles tendresses. Marchant toujours absolument seuls dans les grandes villes bruyantes qu'ils traversaient, dans les petits bourgs où ils s'arrêtaient, dans les grands bois où ils couraient, ne vivant que par eux et pour eux, s'aimant follement, c'était une vie délicieuse qui dura dix mois qui leur semblèrent bien courts. Il fallut en arrivant à Bruxelles, songer au travail ; déjà, en route, à Francfort, il avait consacré un jour à poser les jalons de la maison qu'il voulait fonder... ayant loué bureaux et magasins, il se disposait à se rendre en Hollande pour s'entendre avec le banquier qui lui avait offert une commandite. Colette ne voulut pas consentir à rester seule ; il ne savait rien lui refuser et ils se rendirent ensemble à Amsterdam. La jeune femme demeurait à l'hôtel pendant qu'il allait à ses affaires.

Colette seule restait accoudée sur la fenêtre, regardant avec mélancolie le ciel gris et les murs sombres de la vieille cité ; l'âme remplie d'une vague tristesse, elle pensait à ceux qui l'aimaient, ceux qu'elle avait abandonnés. Il y avait bien longtemps qu'elle ne leur avait écrit ; étaient-ils consolés ! N'était-elle pas bien ingrate de ne pas s'occuper des braves gens qui n'avaient vécu que pour elle... Que n'aurait-elle

donné pour avoir de leurs nouvelles... les reverrait-
elle jamais ? — et deux grosses larmes coulaient de ses
yeux. — Oh ! certainement, si elle retournait à Paris,
au risque d'être repoussée, chassée, battue même,
elle irait chez eux... elle tomberait à leurs genoux !
elle leur dirait que bientôt elle allait être mère... et
sa mère lui permettrait de l'embrasser, et son père
pardonnerait. Tout à coup la porte s'ouvrit avec
fracas ; effrayée, Colette se retourna. C'était Marius
qui rentrait. Son amant, son époux, pâle, livide, l'œil
fiévreux, en proie à une agitation qu'il ne pouvait
contenir, était entré et s'était assis sur une chaise,
comme accablé, la tête baissée, les bras ballants.

— Oh ! mon Dieu ! qu'y a-t-il, fit Colette en se
précipitant vers lui. Marius, qu'as-tu ? mon ami...
réponds-moi.

— Une chose épouvantable... je suis perdu.

— Qu'y a-t-il... tu m'effrayes, réponds-moi, quel
malheur ?

— Je viens de chez M. Van der Hausen, qui s'était
mis à ma disposition, qui me commanditait.

— Il refuse... ce n'est que cela !

— Écoute-moi. Il refusait de me recevoir...
Étonné, je demandai qu'il me fixât un rendez-vous ;
il me fit répondre qu'il ne voulait pas me recevoir, et
me priait dans mon intérêt de ne pas insister, car je
l'obligerais à faire son devoir.

— Ah ! mon Dieu ! c'est à cause de moi...

— Oh ! non, ma pauvre aimée, ma Colette, plût au

ciel que ce fût cela ; j'aurais été fier, et aurais méprisé son dédain. Mais ayant insisté, ayant déclaré que, quoi qu'il pût en résulter, je tenais à avoir une explication avec lui et savoir pourquoi il n'avait pas répondu à mes lettres... il consentit à me recevoir.

— Alors, que te dit-il ? demanda Colette, craignant toujours qu'il ne fût question d'elle.

— Je te passe sa réception, la façon dont je fus reçu... il m'apprit que Davilson avait déclaré que je m'étais sauvé de chez lui en emportant trois cent mille francs... que j'étais un voleur.

— Oh ! exclama Colette... mais ce n'est pas possible !

— C'est tout un roman qu'il me raconta... Davilson a raconté que je le volais depuis longtemps, que j'étais joueur, et la somme considérable que j'ai volée en partant, je l'ai jouée à Bade, je l'ai perdue... et me suis tué.

— Tué, fit Colette avec effroi. Mais il te suffit de paraître pour prouver le contraire.

— Non, ma chère femme, je dois te faire un aveu. Écoute-moi.

Fixant sur les regards de son amant ses grands yeux clairs, la Petite Cayenne craignait de l'entendre s'avouer coupable. Marius lui prit la main et lui dit :

— Quand je t'emmenai, je cherchais un moyen d'échapper aux recherches qui pourraient être faites par ma femme et par ton père, quand on apprendrait que nous étions partis ensemble. Je ne savais que faire. Le hasard me servit...

Et Marius raconta à Colette toute tremblante l'aventure terrible de leur nuit de noces; quand il eut achevé son récit, la jeune femme, vivement impressionnée, dit :

— Mais mon père sait que tu vis... Je lui ai écrit, tu te souviens, en passant la frontière.

Marius, embarrassé, ne répondit pas et dit:

— M. Van der Hausen était stupéfait; il se demande si je ne suis pas le complice du misérable. Il faut que je me justifie.

— Tu lui as dit ce que tu viens de me raconter.

— Non ! fit vivement Marius — et ne le répète jamais — à qui que ce soit... car tu ne sais pas tout; en agissant ainsi je voulais surtout me débarrasser de ma femme... et de ce côté j'ai plus que réussi...

Celle-là est suffisamment châtiée ; elle s'est remariée, elle est bigame, et c'est le bagne qui la menace. Je puis lui faire payer la vie qu'elle m'a fait mener...

— Oh ! disait Colette stupéfaite de ce qu'elle entendait, elle est remariée !

— Maintenant, c'est à l'autre gredin qu'il faut que je fasse payer son infamie.

— Que veux-tu faire ?

— Rien ne nous retient aujourd'hui. Nous allons retourner à Paris. Je veux confondre ce misérable...

Je veux qu'on sache bien que je ne suis parti en emportant qu'un trésor, toi, ma Colette.

— Oui, Marius, ton honneur est le mien et celui de notre enfant, dit-elle en se jetant dans ses bras... C'est moi qui déclarerai à tous que cet homme a menti, moi qui ne t'ai point quitté depuis ton départ. Et si tu le veux, nous resterons à Paris...

— Nous ferons ce que tu voudras, ma Colette... Je suis libre maintenant. La loi n'a aucun effet contre moi, ma femme ne peut plus se plaindre, nous pouvons vivre ensemble à notre guise... Je ne pense pas même à l'accusation de Dalvison, il suffit que je la connaisse pour l'anéantir... Le fripon sera sous les verrous avant vingt-quatre heures...

Colette était toujours pendue à son cou, elle lui demanda :

— Et, débarrassé de cela, tu feras ce que je voudrais...

— Que veux-tu ?

— Tu iras chez mon père, tu lui avoueras tout et tu lui demanderas son pardon.

— Je te le promets, Colette... quoi qu'il advienne, tu restes près de moi...

— Pourquoi places-tu cette condition, est-ce qu'il peut en être autrement... Tu feras demander ma mère, elle t'écoutera, puis après tu parleras au père Bénard, et même s'il s'emportait, s'il se fâchait, s'il t'insultait, tu le supplierais.

— C'est ton père... Colette, s'il me frappait même

je lui baiserais la main et je lui dirais : Pardon...
pour elle... et pour votre petit enfant...

Elle l'embrassa avec effusion et dit :

— Vite, vite, Marius, appelle le garçon, règle l'hôtel... et courons au chemin de fer... nous ne retour-
nons pas à Bruxelles, nous allons directement à
Paris.

— Oui, ma Colette, il faut au plus tôt qu'on sache
là-bas que je ne suis pas un voleur.

Quelques minutes après ils étaient en voiture et se
faisaient conduire à la gare. Colette était rayonnante
au départ, le rêve qu'elle caressait depuis quelques
mois allait se réaliser ; elle allait se trouver près de
ceux qu'elle aimait, de ceux qu'elle se reprochait
chaque jour d'avoir abandonnés ; depuis trop longtemps le remords de son ingratitude la poursuivait.
Elle allait être mère et déjà elle sentait quelle affection la maternité recèle pour l'être qu'elle doit enfan-
ter. Quelle douleur sa mère devait endurer, quel
chagrin de chaque jour ! Elle était encore loin des
siens et elle se sentait courageuse. Elle se disait que
la chose la plus simple, en arrivant à Paris, était de
se faire conduire chez ses parents, de se jeter à leurs
pieds. Elle n'avait pas d'aveux à faire, puisque dans
la lettre qu'elle leur avait adressée elle avait raconté
son départ et les raisons qui l'obligeaient à accepter
celui qu'elle aimait pour amant.

Colette était convaincue que sa lettre était parvenue
à son adresse. Son père avait très violemment appris

sa perte, mais depuis, la douleur devait être moins aiguë... Le père Bénard était bon, et, l'emportement passé, la bonté naturelle du brave homme reprenait le dessus ; c'est sur cela qu'elle comptait.

Marius avait réfléchi aux conséquences de ce qu'il venait d'apprendre ; qu'avait-il à redouter ? assurément rien. Il suffisait de sa présence pour confondre le misérable Davilson et anéantir son accusation. En reparaissant à Paris, il se trouverait à l'abri des poursuites de sa femme ; la situation de Suzanne l'obligeait à la plus grande réserve et assurément il ne la trouverait pas à Paris ; il savait qu'elle résidait dans le voisinage de Saint-Maixent.

Celle qui l'avait fait si cruellement souffrir, qui sans obtenir la séparation à son profit y trouvait une grosse pension, qui l'avait si indignement calomnié, qui l'avait poursuivi pour le ruiner, qui l'avait presque rendu fou par le ridicule, était absolument convaincue qu'elle était veuve. En apprenant que son mari vivait, l'épouvante qu'elle en ressentirait suffirait à la vengeance de Marius en même temps qu'il se trouvait assuré contre toute revendication. C'était lui qui à son tour commanderait, c'est lui qui l'obligerait à le fuir.

Tous les deux en allant au-devant des ennuis étaient certains d'en triompher, et c'est avec calme que, blottis dans les bras l'un de l'autre, ils dormaient. Ils allaient à Paris et chacun par un dernier effort ils assuraient leur tranquillité et s'y établissaient :

Marius, en confondant le misérable qui l'avait accusé de vol, en apprenant à sa femme qu'il vivait, lui faisait savoir que si elle ne consentait pas à disparaître de Paris il la dénoncerait et la ferait condamner comme bigame ; Colette en allant se jeter aux pieds de son père, en lui avouant qu'elle allait être mère et en obtenant son pardon.

S'endormant, la pensée qui les avait occupés toute la journée devint leur rêve, et ils se virent tous les deux à la tête d'une maison florissante, entourés de leur nouvelle famille, les parents de la femme et ses enfants. Ils étaient heureux enfin.

Quand ils se réveillèrent, le train était à la frontière. Plus on approchait de Paris et plus Colette sentait son courage s'envoler, et sa résolution s'évanouir.

Ils arrivèrent vers deux heures, et c'est elle qui, lorsque Marius parla de se rendre immédiatement chez ses parents, dit :

— Non, descendons d'abord à l'hôtel.

Marius comprit. Mais le plus pressé pour le malheureux, ce n'était pas sa réconciliation, c'était sa réhabilitation Aussi répondit-il :

— Oui, ma belle. Nous allons descendre à l'hôtel, tu te reposeras et pendant ce temps je vais me rendre chez Davilson..

— Pourquoi ne vas-tu pas, ainsi que tu l'avais dit d'abord, chez le procureur de la République ?

— Ma chère Colette, parce que, probablement en

apprenant le vol, et sur la déclaration et l'accusation de Davilson, on a dû lancer un mandat d'amener contre moi. La nouvelle de mon suicide en a suspendu l'exécution, mais dans cette bonne administration française rien ne se perd. Le mandat d'amener existe, et le procureur de la République, en constatant ma résurrection, ne manquerait pas d'appeler un gendarme pour me conduire au Dépôt.

— Oh, mon Dieu ! je ne veux pas que tu y ailles.

— Ma mignonne, tu n'as pas besoin d'insister. Je ne veux pas me priver de toi. J'ai mon plan.

Colette un peu inquiète lui recommanda les plus grandes précautions, et Marius partit.

En arrivant chez Davilson, il trouva les magasins fermés.

— Oh ! mon Dieu, est-ce que le misérable a fait banqueroute... il s'est sauvé ; mais je ne pourrai pas anéantir son accusation !

Il rentra. Ce n'était plus le même concierge ; il demanda si les bureaux n'existaient plus ; on lui répondit que la maison marchait parfaitement, mais les bureaux et les magasins étaient fermés tous les dimanches, et l'on était un dimanche ; il respirait plus librement.

— Et Monsieur Davilson est à Paris en ce moment ?

— Oui, monsieur. Pas aujourd'hui, il passe les beaux jours à la campagne, et ne vient que quelques heures dans l'après-midi. Mais le dimanche il ne vient pas du tout. Vous le trouverez ici demain à pareille heure.

—Je reviendrai demain.

— Voulez-vous, Monsieur, me dire votre nom?

— Non, c'est inutile, je reviendrai demain. Il est inutile d'en prévenir M. Davilson, car je ne suis pas absolument certain de pouvoir venir.

Il s'éloigna et alla se promener quelques heures sur le boulevard, heureux de revoir Paris, de s'y sentir libre. Il fit la rencontre d'un ami qui eut un soubresaut en le voyant. Lorsque celui-ci fut bien certain qu'il ne se trompait pas, il le salua; l'ami rendit le salut mais s'éloigna rapidement.

— Bien, pauvre Marius! il a été stupéfait en me voyant, il me croyait mort; assuré que je vivais, il s'est souvenu de l'accusation portée contre moi et il a fui le voleur. C'est logique.

Il continua sa promenade et sur le boulevard il fit une nouvelle rencontre; c'était un des employés du bureau de Davilson, qui eut le même mouvement que le premier. Marius alla vivement à lui et lui tendit la main qu'il n'osa refuser.

— Et vous ne me reconnaissez donc pas?

— Parfaitement, dit l'employé tremblant, mais... ce n'est pas possible.

— Mais si, fit Marius gaiement, c'est bien moi; le dimanche on nous accorde une sortie, seulement nous devons être rentrés, avant la fermeture du cimetière.

— Ah ! mon Dieu ! exclama le jeune homme terrifié.

Marius éclata de rire.

— Voyons, Manivet, vous voyez bien que l'on vous a trompé... Je suis vivant, bien vivant... Je ne me suis pas plus tué, que je n'ai volé. Tout cela est une infamie du misérable Davilson. Sachant que je m'expatriais pour échapper à l'exécution de mon jugement de séparation, il m'a fait passer pour mort en m'accusant de l'avoir volé...

— Oh ! mais, c'est épouvantable ce que vous dites là... c'est impossible.

— Épouvantable ! abominable ! oui, mais impossible, vous avez en ma personne la preuve du contraire... et demain vous serez tout à fait édifié.

— Demain ? Pourquoi ?

— Parce que demain, j'irai à l'heure où je sais devoir trouver Davilson. J'irai peut-être avec un agent, et devant tous je l'obligerai à déclarer la vérité...

— Bien ! demain... puis-je prévenir ?...

— Je vous en prie, même. Je tiens à ce que tous ceux qui m'ont connu soient là ; je tiens à ce que devant tous, le misérable soit obligé de reconnaître son infamie.

— Nous serons tous près de vous... Du reste, il avait couru de singuliers bruits sur votre disparition, on l'avait trouvée très romanesque.

— Mon cher Manivet, je suis vivant, n'est-ce pas ?

vous en êtes bien assuré ; ayez la même assurance
que je ne suis pas un voleur. C'est une avance de
vingt-quatre heures que vous me faites. Consentez à
prendre quelque chose avec moi, dans un café. Je
vous conterai comment j'ai appris ma mort, et l'o-
dieuse accusation qui pesait sur moi... Et vous me
raconterez comment ce misérable a commis cette
coquinerie.

Manivet accepta ; ils entrèrent dans un café : en
quelques mots Marius raconta comment il avait
appris l'accusation portée contre lui, chez un ancien
client de Davilson qui devait le commanditer. Davilson avait de lourdes échéances, il ne pouvait y
satisfaire et il avait déclaré que son caissier, qui le
volait depuis quelques années, venait de se sauver
en lui enlevant l'argent et les valeurs qu'il avait en
caisse.

Les principaux créanciers de Davilson s'étaient
entendus et compatissant à la catastrophe qui le
ruinait, l'avaient aidé à se relever. Ce client, M. Van
der Hausen d'Amsterdam, avait été stupéfait de son
audace en le voyant entrer chez lui, et avait failli le
faire arrêter. Il raconta comment il avait quitté Davilson quatre jours avant l'échéance, ayant passé la
soirée avec lui dans le bureau de Davilson lui ayant
donné sa démission, il lui avait rendu ses comptes et
avait reçu la somme de dix mille francs qui lui était
due. Il restait en caisse une somme de cent deux
mille francs et il manquait pour l'échéance plus de

deux cent cinquante mille francs. Davilson lui avait déclaré qu'il en attendáit le surlendemaiu trois cent mille de commanditaires imaginaires. Il ajouta qu'il était convaincu en quittant la maison que la déconfiture était prochaine, mais il ne soupçonnait pas son patron capable pour se sauver de commettre une semblable infamie.

Manivet stupéfait et paraissant heureux de constater la parfaite honnêteté de son ancien collègue, fit le plus grand plaisir à Marius en lui disant :

— Eh bien, monsieur Marius, je suis content de vous avoir entendu ; les pressentiments ne trompent pas, tout le monde se refusait à croire à votre culpabilité et soupçonnait le patron, mais la nouvelle de votre suicide a tout changé. Vous êtes jeune, vous vous portez bien, vous aviez une belle situation dans la maison, vous étiez par votre séparation débarrassé de la femme que vous détestiez, on disait que vous aviez une maîtresse qui vous adorait... Pourquoi vous seriez-vous tué ?... On a dit que l'argent qui manquait avait été en partie dissipé depuis longtemps et qu'en cherchant à le rattraper vous aviez tout perdu. Vous alliez être arrêté, le suicide s'expliquait.

— Le gredin!... Ainsi, il vous a prouvé par les livres que j'avais dissipé l'argent qui m'avait été confié...

— Il l'a prouvé à tous, aux magistrats qui eux-mêmes ont fait l'enquête.

— Mais les cent deux mille francs qui restaient en caisse... il n'en a pas parlé, il a déclaré qu'il ne lui restait rien ?

— Pour nous payer tous, il a mis au Mont-de-Piété ses bijoux et son argenterie.

— C'est décidément un escroc de première force.

— Je vais vous dire ce qui s'est passé.

Et Manivet raconta dans tous ses détails la scène qui s'était passée dans les bureaux de Davilson, la veille de l'échéance. Nerveux, agité, Marius serra la main de son ami, en lui disant :

— Cet homme est le dernier des misérables et, demain, il sera exécuté. Je suis descendu à l'hôtel Saint-Phar, prévenez tous ces messieurs que demain à deux heures je serai au bureau. Je ne demande que quelques minutes pour le confondre. Chez le tapissier qui a vendu mon mobilier, j'ai laissé une caisse que je ne voulais pas emporter en voyage, pleine de papiers de famille, de comptes, de factures, et dans laquelle se trouvent les calepins que je portais habituellement et sur lesquels j'inscrivais mes rentrées et mes sorties, pour faire mes additions et les trouver bien nettes... C'est avec ces feuilles qu'on comparera les livres et qu'on constatera les surcharges... Ceux qu'il a volés seront remboursés...

Manivet se disposait à sortir, il eut un mouvement d'épaules en entendant ces derniers mots.

— Remboursés... mais avec quoi ! Mais tous les jours on s'attend à une nouvelle catastrophe, et il ré-

pète sans cesse que c'est votre affaire qui l'a ruiné...
Les sommes enlevées étaient, paraît-il, bien plus
considérables qu'il ne l'avait cru d'abord...

— Tant pis, la comédie finira demain.

— Non, tant mieux. A demain, et au revoir.

Manivet s'éloigna, paraissant satisfait du scandale
promis. Marius resta comme étourdi; l'audace de
Davilson dépassait ce qu'on pouvait imaginer. Il se
demanda ce qu'il allait faire. Rentrer à l'hôtel ?
Mieux valait laisser Colette se reposer, et puis il se
doutait que la jeune femme avait besoin d'être libre;
il la connaissait et la savait capable d'avoir un mouvement d'énergie : d'aller chez son père...; et le
brave garçon désirait autant qu'elle cette réconciliation. Il avait souvent souffert de surprendre celle
qu'il aimait les yeux mouillés, le suppliant de ne pas
lui en demander la cause, et n'était-ce pas tout naturel qu'elle pensât à ses parents, et qu'elle pleurât à
leur souvenir... Il ne rentrerait pas à l'hôtel ! Qu'al-
lait-il faire ? Se faire voir !...

Oui, cela était utile ! Il était nécessaire que tous
ceux qui l'avait connu sussent le plus tôt possible
qu'il n'avait pas volé, et qu'il ne s'était pas suicidé
pour échapper à la justice... Il était utile que sa femme apprît qu'il vivait, qu'elle n'avait que le temps de
quitter la France si elle ne voulait être arrêtée et ju-
gée comme bigame. Il voulait vivre heureux à Paris
avec sa Colette, qui bientôt allait lui donner un en-

fant, bien tranquille, — et pour cela il fallait rapidement faire table rase.

Il se décida à se faire voir: il héla une voiture découverte et se fit promener sur les boulevards, les Champs-Élysées et au bois, affectant lorsqu'il croisait quelques personnes qui l'avait connu et qui le regardaient ahuris, de les saluer, pour bien affirmer qu'on ne se trompait pas.

Il revenait du Bois, satisfait de sa promenade; c'était dimanche, le jour de congé des employés; il avait rencontré de nombreux collègues, et il avait pu remarquer la sensation produite à sa vue... la voiture allait au pas en face de l'Arc-de-Triomphe, lorsque d'une voiture qui croisait la sienne, un superbe landau, il entendit :

— C'est incroyable !... C'est son portrait vivant...

Il se retourna et vit deux femmes, une jeune, une vieille, toutes deux, — l'une surtout, — plus qu'élégamment, tapageusement vêtues... Ces deux femmes le regardaient à ce point que, gêné par leurs regards surpris, il baissa les yeux. Il entendit encore :

— Ce ne peut être lui... Ça serait le comble !

Assurément il connaissait le visage de la plus jeune, mais il ne pouvait se rappeler qui elle était. C'est vainement qu'il s'épuisa à fouiller sa mémoire. Il revint au boulevard Montmartre, et rentra à l'hôtel, il retrouva Colette accoudée devant la fenêtre en regardant sur le boulevard : il vit qu'elle pleurait; d'une voix de doux reproche, il lui dit :

— Colette... pourquoi pleurer ?

La jeune femme se retourna vivement, se jeta à son cou, et, ne pouvant plus retenir ses sanglots, lui dit :

— Oh ! Marius, mon ami... pardonne-moi !... ne m'oblige pas à te répondre... j'ai besoin de pleurer .. c'est nerveux.

Il la regarda, vivement ému, la pressant tendrement sur son cœur, cherchant à lire sur son visage la cause de cette douleur, mais Colette cachait sa tête sur sa poitrine, pleurant plus fort.

Il n'osa l'interroger de nouveau. Il était parti pensant qu'elle profiterait de son absence pour se rendre chez ses parents, pour aller demander de leurs nouvelles, ou chercher à les voir... Un malheur était-il arrivé depuis son départ, qu'elle venait d'apprendre et qu'elle n'osait dire à Marius qui l'aurait obligée à fuir. Il était certain qu'elle avait tenté au moins d'aller chez elle... Peut-être — elle avait de ces moments d'audace — avait-elle été crânement frapper chez le père Bénard, et celui-ci l'avait-il rudement chassée en lui reprochant sa conduite...Mieux valait, s'il en était ainsi, ne pas questionner mais consoler la pauvre enfant. N'était-ce pas lui qui était la cause de tous ces chagrins ! L'état de grossesse augmentait sa nervosité ; d'une nature ardente, impressionnable, elle ressentait plus vivement qu'une autre, et Marius, qui connaissait sa nature, avait pour elle les plus grands ménagements. Il cherchait un moyen de détourner ses pensées, il allait lui proposer de faire, le soir, une promenade sur les boulevards, d'aller dans un cabaret, lorsque tout à coup Colette, relevant la tête, et le regardant de ses grands yeux mouillés, lui dit :

— Marius, j'ai vu ma mère... Je suis bien heureuse...

— C'est vrai? exclama Marius. Oh ! ma belle chérie, tant mieux, et vous vous...

Colette, essayant de rire sous ses larmes, l'interrompit, plaçant d'abord vivement sa main sur sa bouche, puis ses lèvres, en disant :

— Je t'en supplie, mon Marius, ne me questionne pas... ne me demande plus... Je ne veux rien dire encore... J'ai peur! J'attends... J'espère... demain nous en parlerons.

Elle le regardait les mains jointes. Marius comprit qu'elle avait été voir sa mère, que celle-ci avait pleuré et pardonné — les mères pardonnent toujours — et elle avait promis d'avouer la vérité au père Bénard, et s'était engagée à demander sa grâce... et Colette avait peur en attendant sa réponse.

Ce que Marius pensait était au-dessous de la vérité. L'émotion de la jeune femme était bien justifiée. Colette avait été dans la rue des Petites-Écuries. La concierge, en la voyant, avait failli s'évanouir; priée de monter inviter Mme Bénard à descendre chez elle, sans lui dire qui la demandait, elle ne s'en était pas senti la force, et avait envoyé l'apprenti qui travaillait à l'étage au-dessous. La mère Bénard étonnée était venue aussitôt; en voyant son enfant, elle serait tombée, si celle-ci ne s'était précipitée pour la soutenir dans ses bras, et pendant quelques minutes ce n'avait été que baisers, rires et larmes entrecoupés de ces mots :

— Ma fille! mon enfant!

— Ma mère! maman!

— Ma Colette... oh! je savais bien que tu vivais, que tu voudrais voir ta mère; mais que t'est-il arrivé? Pourquoi nous as-tu quittés?

Colette avait aidé sa mère à s'asseoir; à sa question, elle baissa la tête... Sa mère répéta :

— Pourquoi nous as-tu quittés?

Colette fléchit sur ses jambes, tomba à genoux et fondit en larmes en disant :

— Pardon!... puis, toujours assurée que ses parents avaient reçu la lettre dans laquelle elle leur affirmait qu'elle quittait Paris pour aller vivre avec son amant, elle ajouta : Je vis avec Marius, et je vais être mère!...

— Oh! fit la pauvre femme plus surprise que fâchée... Pauvre enfant... Qu'importe, tu vis... tu vis!... J'ai ma fille!...

Et elle la pressait dans ses bras et l'embrassait.

Un singulier sourire de la portière fut remarqué par Colette. La concierge se disait :

— Mais ce que ces femmes m'ont dit, il y a deux

mois, était vrai. La petite était la maîtresse de Marius,
— fiez-vous donc aux apparences.

Colette prenant d'une main le bras de sa mère et
passant son bras autour de sa taille, l'entraînait en lui
disant :

— Sortons un peu, maman, en marchant nous causerons.

La pauvre mère se laissait conduire... Elles mar-
chaient bien serrées l'une contre l'autre, l'accueil
maternel avait rendu tout son courage à la jeune
femme, elle retrouvait sa franchise d'enfant. Elle
raconta tout, et la mère était si heureuse de sentir sa
fille près d'elle, qu'il ne lui échappa pas un mot de
reproche, au contraire, elle semblait toujours ap-
prouver en disant :

— C'est très bien, mon enfant... que veux-tu, ma
Colette, on ne fait pas ce qu'on veut... ma pauvre
belle...

— ... Enfin, disait Colette, si je ne suis pas mariée,
c'est que la loi le lui défend ; il est séparé de sa
femme depuis près de cinq ans, et il est condamné à
rester célibataire... C'est absurde... Depuis plus d'un
an nous sommes ensemble... et je te l'ai dit, ma chère
maman, dans quelques mois tu seras grand'mère... Si
tu savais comme Marius vous aime, et quel bonheur
il éprouverait si papa, me pardonnant, voulait l'ac-
cueillir en l'appelant : mon gendre !

— Il faut que cela soit, dit madame Bénard, il faut
qu'il te pardonne. Ah ! ma pauvre enfant, tu ne le

reconnaîtras plus... depuis ton départ, il est malade
et il souffre. En apprenant que tu vis, je vais lui
rendre la santé, la vie...

— Pardonnera-t-il?...

— C'est moi qui vais essayer cela. Ce soir, je lui
dirai — car, tous les soirs, nous parlons de toi — que des
gens croient que tu es partie avec Marius, que tu vis
avec lui... S'il ne s'emporte pas ; si, comme je le crois,
il dit : « Je voudrais que ces gens disent la vérité, je
reverrais ma fille au moins! » S'il dit cela, j'ajoute :
j'irai aux informations. Car, vois-tu, si tu apparaissais
sans qu'il s'y attendît... j'aurais peur.

La mère avait embrassé sa fille en lui donnant rendez-vous, à la même heure, pour le lendemain, ne
voulant pas lui dire son plan. On s'était longuement
embrassé et elles s'étaient séparées. C'est alors que
Colette était revenue à l'hôtel, et que Marius lui
obéissant et ne l'interrogeant pas en voyant son état
de nervosité l'avait emmenée dîner dans un restaurant du boulevard. Ils étaient tous les deux satisfaits
de leur journée : l'une avait revu sa mère, l'autre s'é-
tait fait voir à ses amis et avait été remarqué par
eux.

Il avait été reconnu par deux femmes, et n'y attachait pas d'importance, ces deux personnes lui étant
inconnues.

Cependant l'incident était grave. Les deux femmes
qui avaient rencontré Marius étaient Angèle et tante

Alice. La première seulement connaissait parfaitement Debret sans être connue de lui.

Or, depuis un mois, Suzanne et son mari le baron de Caniel étaient de retour à Paris. Le mari très soupçonneux depuis la lettre reçue, depuis certains regards échangés par Suzanne avec des gens qu'il ne connaissait pas et qu'elle avait déclaré ne pas connaître, avait ordonné à sa femme de ne jamais voir ni recevoir tante Alice et son amie la fille de l'officier élevée à la Légion d'honneur, Mlle Angèle. — Suzanne avait maladroitement rompu avec ses anciennes amies et s'en était fait deux ennemies envieuses et jalouses.

Angèle, depuis quelques semaines, avait trouvé un galant protecteur qui lui faisait une situation superficiellement plus belle que celle de madame la baronne de Caniel.

Elle avait essayé plusieurs fois d'éblouir son amie par son luxe. Mais, au contraire, Suzanne, très intelligente, en revenant à Paris, était bien entrée — comme disent les comédiens, — dans la peau de son personnage ; son élégance était toujours de la plus grande simplicité, une coquetterie de bon goût présidait à ses toilettes.

L'impassibilité dédaigneuse avec. laquelle elle les regardait exaspérait Angèle, car tante Alice se désintéressait de la lutte ; elle se trouvait heureuse de retrouver chez Angèle la même situation qu'elle avait chez Suzanne à Caniel.

Angèle voulait se venger ; elle avait essayé des lettres anonymes, mais elle ne pouvait parler que du passé, et probablement le passé était accepté par le baron, puisque Suzanne et Guillaume reparaissaient au Bois le lendemain, souriant, dans le même landau. En rencontrant Marius, elle se dit qu'il y avait là une occasion de se venger. Angèle ne pensait pas que c'était Marius : elle croyait à une ressemblance étonnante, mais, pour ce qu'elle voulait faire, elle n'avait pas besoin de preuve. En rentrant chez elle, elle écrivit :

« Aimable baron,

« Avant d'épouser la vertueuse veuve à laquelle vous avez donné votre nom, lui avez-vous demandé l'acte de décès de son mari ? De mauvaises langues disent qu'il est ressuscité — que sa mort était une petite farce jouée entre trois personnages , le mari, la femme et l'amant. Le mari auquel on donnait de l'argent, faisait le mort ; — la femme sauvait son mari et touchait une belle somme ; — et l'amant se tirait d'une faillite. — Vous pourrez vous renseigner chez M. Davilson. La baronne vous dira les heures où il reçoit dans sa chambre, seul.

« Comtesse de X... »

Elle relut et, contente de son infamie, elle glissa la lettre sous enveloppe, mit l'adresse de M. de Caniel et alla la jeter à la poste.

Dès le lendemain, l'odieuse manœuvre d'Angèle obtenait des résultats ; la lettre confirmait des calomnies arrivées aux oreilles du baron. Il avait demandé une explication à Suzanne. Si celle-ci avait répondu franchement en réservant certain point délicat, indulgent, peut-être aurait-il tout accepté; mais, au contraire, elle avait très vertement répondu à son mari, en lui disant :

— Que croyant avoir épousé un galant homme, ayant confiance en elle, elle ne supposait pas devoir subir cette inquisition de chaque jour, cette jalousie de provincial. Le baron se facha, déclarant brutalement qu'il aimait mieux être ridicule par sa jalousie que par les suites d'un excès de confiance.

Suzanne haussa les épaules et ne répondit que par un rire narquois, qui fâcha tout à fait Guillaume. Il dit qu'il était très fier d'être de sa province, il en trouvait les coutumes et les mœurs fort raisonnables, et comptait les observer chez lui. Il voulait savoir ce que faisait sa femme quand elle sortait, où elle allait, et il désirait même qu'elle ne sortît pas sans son autorisation. Suzanne redevint faubourienne ; elle lui éclata de rire au nez en disant :

— Vous êtes bien de votre pays, mon cher ; je ferai ce que je voudrai et vous n'en saurez jamais rien... Mon premier mari ne faisait que ce qui me plaisait, et ce n'est pas vous qui me ferez agir à votre guise.

— Je n'ai jamais bien su les raisons qui causèrent les troubles dans votre pauvre ménage... Je le saurai.

En disant cela — exaspéré, furieux, il était sorti du salon, et le front de Suzanne s'était plissé ; est-ce qu'il allait chercher véritablement ces tardifs renseignements ? Elle pensa qu'il fallait toujours prendre ses précautions, et le soir même elle se rendait chez Davilson, pour lui recommander la discrétion si son mari venait l'interroger sur son passé.

Suzanne était sortie de chez elle et montée en voiture sans remarquer qu'elle était suivie ; arrivée rue de la Grange-Batelière, chez Davilson, elle s'informa au concierge si le banquier était chez lui. Il était absent, elle remonta en voiture et se fit ramener rue Brémontier. Guillaume, en la voyant descendre de voiture et entrer dans une maison, allait la suivre ; il n'avait eu que le temps de se jeter sous une porte pour n'être pas remarqué. Ayant entendu donner son adresse au cocher, certain qu'elle rentrait chez elle, il voulut savoir qui elle avait demandé. La concierge était sur le seuil de sa loge.

— Madame, un renseignement, s'il vous plaît, dit-il en lui glissant un louis dans la main. — Assurément la pièce de vingt francs eût été électrisée qu'elle n'aurait pas produit un effet plus rapide dans la physionomie de la brave femme : de revêche elle devint avenante et souriante.

— Je suis aux ordres de monsieur.

— Connaissez-vous la personne qui sort d'ici ?

— Non, monsieur, je l'ai vue une seule fois — elle venait comme aujourd'hui voir M. Davilson... Nous ne sommes dans cette maison que depuis cinq mois...

— Vous ne pouvez pas me dire si elle est connue de M. Davilson.

— Non, mais il y a un moyen de le savoir. M. Davilson n'est pas là, et son valet de chambre est avec mon mari... au coin, chez le marchand de vins... je puis le faire demander.

— Comment cela...

— Vous allez voir. — La concierge sortit sur le pas de sa porte, tira de sa poche un sifflet avec lequel elle appela. Le concierge parut aussitôt ; en voyant le baron qui causait avec sa femme, il crut que l'on venait visiter un appartement... sa femme lui dit quelques mots à voix basse, et sa casquette à la main, il demanda :

— Monsieur, quel renseignement désirez-vous ?

— Voici la vérité, monsieur ; une dame qui sort d'ici, que votre dame a vue, prétend qu'elle peut compter sur l'appui de M. Davilson, le banquier ; je viens vous demander si véritablement cette femme a des relations avec lui.

Le but fut dépassé. Le baron était satisfait de ce qu'il avait trouvé pour ustifier son indiscrétion, mais n'y mettait pas de mauvaise intention. Il voulait seulement savoir si Suzanne venait souvent chez ce Davilson — signalé dans la lettre. — Le concierge eut un clignement d'yeux et un rire qui déplurent souverainement à Guillaume en lui disant :

— C'est compris... vous voulez savoir si la petite dame est bien avec son banquier.

M. de Caniel devint rouge jusqu'à la racine des cheveux ; il aurait volontiers étranglé celui qui ne cherchait qu'à lui être agréable, et qui continua malicieusement :

— Il faudrait connaître la petite dame. Savez-vous son nom...

— Mais, interrompit sa femme, voyant qu'il exaspérait son client, c'est la petite dame si jolie, si brune qui est déjà venue une fois, et qui a fait appeler le valet de chambre...

— Ah ! oui, elle avait sa voiture à la porte. Je sais — je puis vous renseigner — Félicien, le valet de chambre, m'a dit qui c'était — elle est connue ici. — C'est la veuve de ce caissier qui est parti il y a un peu plus d'un an en emportant la grenouille... Une maligne ! elle était la maîtresse de M. Davilson du temps où son mari était employé... vous pouvez fournir ce que vous voulez... elle est chic maintenant, elle revient, c'est que ça s'est remis... hein ?

Bousculant l'homme et la femme, pris d'un accès de fureur, les poings fermés, Guillaume s'était précipité dans la rue.

— Mais c'est un fou... cet homme-là !...

— Fou ou non, il m'a donné vingt francs...

— Ça me console, et je vais finir mon piquet ; je vais raconter ça à Félicien.

Le malheureux Guillaume marchait rapidement, fou de honte et de douleur ; il n'osait crier, et il sentait le besoin de se plaindre. Aveuglément il marchait, sans savoir où il allait ; dans son cerveau troublé, il cherchait vainement à assembler deux idées. Il parlait en marchant :

— C'est vrai ! c'est vrai ! J'ai été assez sot, pour croire à cette femme, et je l'aime ! je l'aime follement ! Le doute n'est plus possible, la lettre est vraie... elle trompait son mari avec cet escroc... elle me trompe avec lui... Mon Dieu, s'ils connaissaient là-bas le monstre que j'ai amené chez eux... la fille à laquelle j'ai donné mon nom ! Maintenant je m'explique tous les rires singuliers de gens qui nous rencontraient... on s'étonnait de me voir cette créature au bras... et, la sachant ma femme, on se taisait... Mais c'est épouvantable... que vais-je faire ?

Et le malheureux, sans s'occuper des gens qui sur son passage se retournaient, étonnés de voir un homme élégamment vêtu, d'aspect distingué, marcher en titubant comme un ivrogne, menaçant de ses poings des êtres invisibles en poussant des cris rauques, criant :

— Cet escroc !... et cette catin !... je voudrais les tuer dans les bras l'un de l'autre.

Lorsqu'il arriva chez lui, il se jeta sur un lit la tête dans ses mains, gémissant et rageant ; il avait fait demander sa femme et la femme de chambre avait répondu qu'elle était sortie.

Son vieux valet de chambre, étonné de voir son maître en cet état et n'en devinant pas la cause, demanda timidement :

— Monsieur souffre, et s'il me le permettait j'irais chercher le docteur...

— Non, vous dis-je, laissez-moi seul...................

— Je pourrais faire prévenir madame, car, si elle savait que monsieur a une crise semblable, elle viendrait...

Guillaume se redressa, et demanda vivement :

— L'on m'a dit que madame n'était pas chez elle... On m'a menti ?

— Madame a dit à la femme de chambre de répondre à tout le monde, même à monsieur, qu'elle n'était pas là ; — elle a ajouté — à moins qu'il n'y ait urgence. — Madame attend quelqu'un, elle a dit le nom à Julie...

Guillaume avait froncé les sourcils. Sa femme ne savait pas qu'elle avait été suivie ; elle ignorait ce qu'il avait appris ; elle ne se cachait pas de lui, d'après ce que venait de lui apprendre un domestique. Mais qui attendait-elle ? Il dit :

— Tâchez de savoir quelle est la personne que madame attend.

— Je crois, monsieur, que c'est pour un placement d'argent ; c'est un banquier.

Guillaume eut une crispation, un mouvement qu'il dompta aussitôt pour dire :

— Demandez le nom de ce banquier, adroitement, que madame ne sache pas que je m'occupe de ses affaires...

Le domestique sortit et revint quelques minutes après en disant :

— C'est M. Davilson, banquier.

— Bien, merci, laissez-moi, dit Guillaume d'un ton et d'une façon qui firent retourner la tête au valet de chambre en lui faisant penser que son maître était vraiment malade.

Lorsqu'il fut sorti, Guillaume eut un mouvement de colère, frappant de son poing dans le vide en disant :

— La gueuse, c'est jusque chez moi qu'elle reçoit son amant... Oh ! je vous guette, gredins.

VIII

ACTA EST FABULA

Pendant que le baron de Caniel se tordait de douleur en apprenant que la femme à laquelle il avait donné son nom avait honteusement vécu dans la débauche, que loin d'essayer d'effacer le passé par une conduite exemplaire, elle recommençait sa vie de fille, l'éclaboussant de sa honte et le couvrant de ridicule ; pendant qu'il essayait d'arracher de son cœur l'amour qui le dévorait, qu'il cherchait le courage de réparer l'outrage fait à son nom ;

Pendant que Marius Debret attendait dans les bureaux de la rue Grange-Batelière que le maître de la maison vînt lui répondre en confirmant à tous ses anciens collègues étonnés de le voir vivant, ce que leur camarade Manivet leur avait raconté en arrivant.

Davilson, informé de ce qui se passait, absolument terrifié en apprenant que Marius Debret était vivant, sentant bien qu'il était inévitablement perdu, que la justification n'était pas possible, s'enfermait dans son cabinet et se demandait ce qu'il allait faire. Le doute n'était pas possible ; il était dans les bureaux et causait avec ses anciens collègues.

Homme pratique, il assembla toutes ses valeurs, — il s'était servi de son histoire de caissier infidèle pour garder toujours des fonds chez lui, — les serra précieusement dans un sac de voyage, bourra une valise de linge, et, acceptant philosophiquement la situation, en reprenant son sang-froid, il disait :

— Il faudrait toujours finir ainsi. Mieux vaut plus tôt que plus tard. Dans quatre jours j'aurais des tourments pour mes échéances ; — ainsi, — elle sera liquidée tout de suite — sous un autre nom que je choisirai charmant, je vais vivre à l'étranger ; je suis las des affaires, je pourrai vivre longuement et tranquillement. J'ai là, près de quatre cent mille francs de pièces et titres, c'est suffisant... Je suis las de Paris...

Et sa valise d'une main, son sac de voyage de l'autre, il descendit; il envoya chercher une voiture, disant au concierge qu'il allait à sa campagne et serait de retour le lendemain matin. Un garçon de bureau était venu le prévenir que Marius Debret voulait lui parler, et il se hâtait de se dérober à l'entretien. Il se fit conduire au chemin de fer, y mit ses bagages en consigne, le train qu'il voulait prendre pour se rendre à Calais partant le soir. Puis, voulant bien cacher sa fuite, il se fit conduire aux environs de la Bourse, il rencontra quelques amis ; l'un d'eux lui dit :

— Davilson, est-ce vrai ce qu'on dit ?

— Que dit-on ? fit-il souriant.

— Que votre ancien caissier, celui qui vous a volé, qu'on prétendait mort, est bien vivant, et est à Paris.

Davilson était très fort; pas une ligne de son visage ne broncha, et c'est du ton le plus naturel qu'il répondit :

— On m'a dit ça. Je n'ose pas le croire... mais j'ai toujours informé la police.

Il dîna, et convaincu par la question qui venait de lui être faite que le lendemain la vérité serait connue, il se félicita de s'être préparé au départ.

Très hardi, il pensa qu'il serait adroit de passer chez lui le soir; il saurait ce qui s'était passé et rassurerait les gens de la maison qui pourraient craindre sa fuite...

En arrivant chez lui, quand son valet de chambre, bouleversé et inquiet, lui raconta que Marius avait déclaré qu'il n'avait jamais rien volé, et qu'il allait déposer une plainte contre lui, il sourit et dit :

— En tout cas, j'ai pris les devants, et s'il n'est arrêté à cette heure, il le sera demain... Un gaillard qui s'est fait passer pour mort, devait avoir des raisons pour ça...

Le valet, joyeux, s'écria :

— C'est ce que nous avons pensé quand il a dit : « Ce soir, il ne couchera pas chez lui ; je connais mon gaillard, et s'il n'est pas ici, nous le prendrons à sa campagne. » Mais j'étais tranquille.

— S'il revient demain, je lui répondrai moi-même.

— Il ne reviendra pas... c'est un coup d'audace.

Davilson, en entendant le domestique qu'on devait l'arrêter le soir, avait légèrement pâli, et redoutant à toute minute d'entendre frapper, il allait sortir, lorsque Félicien lui dit :

— J'oubliais, monsieur... madame est également venue, pendant que son mari était dans le bureau...

— Elle l'a vu ?... demanda vivement le banquier.

— Non, ni le concierge ni moi ne savions ce qui se passait dans les bureaux. Elle savait peut-être quelque chose, car la concierge me dit qu'elle paraissait très agitée... Elle voulait absolument vous voir, et elle prie que vous alliez chez elle ; elle vous attendra toute la soirée. Voici sa carte.

— Bien, merci... dit Davilson, prêt à sortir, croyant à chaque moment entendre les agents dans l'escalier. Je viendrai à Paris demain matin, de bonne heure, si l'on a besoin de moi.

Le valet de chambre reconduisit son maître. Davilson sauta dans une voiture et se fit conduire à l'avenue de Villiers. Il sauta du fiacre, solda le cocher et regarda autour de lui s'il n'était pas suivi. Il se rendit rue Brémontier.

Il était utile qu'il vît Suzanne ; elle était venue chez lui, elle devait avoir de graves choses à lui dire. Il avait eu des relations très intimes avec elle, surtout au moment de la disparition de son mari. Mais depuis son retour elle était très réservée. Il fallait une raison bien sérieuse pour motiver sa démarche ; il allait avoir par elle, l'explication de l'arrivée de Marius, car, pour lui, qui avait signé l'acte mortuaire, cette résurrection était inexplicable.

Lorsqu'il entra dans la loge du portier de la maison de la rue Brémontier, qu'il demanda madame de Caniel, une petite femme de chambre qui regardait jouer du piano (chez le concierge ? Oui !) vint aussitôt et dit :

— Vous êtes monsieur Davilson...

Sur un signe affirmatif, elle ajouta ;

— Si vous voulez me suivre, monsieur...

La jeune soubrette le dirigea vers la cour, et prit l'escalier de service en disant :

— Monsieur, madame vous prie instamment de vouloir bien monter par là : M. le baron est malade, et elle ne voudrait pas qu'il entendît entrer quelqu'un. Madame vous prie...

— Mais certainement, mon enfant... certainement.

Et Davilson suivit la femme de chambre, se disant :

— Pauvre Suzanne... elle sait tout, elle est terrifiée... C'est affreux pour elle, c'est la bigamie, et

elle ne voudrait pas que son mari se doutât de rien.
Comment va-t-elle faire... elle devra se sauver... Si
elle voulait se sauver avec moi...

La femme de chambre s'arrêta, et mettant un doigt
sur sa bouche, imposa le silence; on était à l'entresol.
Toujours prudent, Davilson s'assura que l'étage
n'était pas très haut et qu'en cas de surprise on pouvait sauter dans la cour ou dans la rue. La porte
s'était doucement ouverte et, sur la pointe du pied,
en tenant le banquier par la main, la soubrette le
dirigea à travers l'appartement. Elle le fit entrer
dans un petit salon et le laissa une minute sans
lumière ; puis elle vint le reprendre et poussant une
porte, soulevant une tapisserie, elle le fit entrer dans
une chambre à coucher adorable, un nid de soie et
de dentelle, duquel s'échappait un parfum troublant.
Souriante, aimable, l'air calme (ce qui étonnait
Davilson), Suzanne, vêtue d'un crêpe de soie blanche
garni de floches, vint au-devant de lui, lui tendant
amicalement la main en disant :

— Mon ami, excusez-moi de vous recevoir avec ce
mystère et dans cette chambre, mais je suis très
surveillée, il m'est défendu de revoir mes vieux amis
et j'ai dû dire que j'étais malade pour être libre... on
me croit au lit. — Laissez-nous, Jenny.

La femme de chambre, après avoir soigneusement
fermé les rideaux de la portière, sortit de la
chambre.

— Mon ami, fit aussitôt Suzanne, j'ai été chez vous

aujourd'hui, parce j'ai besoin de vous parler sérieusement, je suis entourée d'ennemis : mon mari reçoit des lettres anonymes qui racontent des vérités
en les entourant de calomnies. Mon mari ignore les
sottises que j'ai faites à une certaine époque, une
indiscrétion pourrait me perdre ; — il ira peut-être
chez vous, soyez très circonspect... Je ne parle pas
des relations que nous avons eues ensemble, vous
êtes trop galant pour jamais parler de ça... Il faut,
quand le baron vous interrogera, que vous démolis-
siez ces calomnies en disant que vous m'avez toujours
connue une honnête femme, que mon mari était
un misérable, il vous l'a prouvé, que...

Dalvison la regardait, étourdi de l'entendre, ne
s'expliquant pas l'importance qu'elle attachait à des
cancans, quand un danger si sérieux la menaçait.

— Mais Suzanne... vous ne savez donc rien !...
Mais, ma pauvre enfant, il s'agit bien de ce qu'on
dit ou écrit... Mais tu es perdue, si tu ne fais ce que
je me dispose à faire.

— Que voulez-vous dire ? demanda Suzanne inquiète, sans se fâcher de la familiarité de Davilson...
Qu'y a-t-il de menaçant ?

— Marius est vivant !...

— Oh ! exclama la jeune femme terrifiée. Marius
vivant ! c'est impossible ! Mais tu le sais bien, toi,
puisque c'est toi qui es allé à Châlons constater son
décès...

— J'ai constaté que les papiers étaient les siens...

j'ai... Enfin, il y a une chose qui n'est pas niable, il est venu en personne à la maison...

— Oh! mais c'est épouvantable ce que tu dis là!... Mais que faire? Il va se venger de moi... Je suis remariée... Il est vivant! vivant, et que va-t-il se passer?

— Ma chère, tu vas être dénoncée par lui, tu seras aussitôt arrêtée et c'est le bagne...

Suzanne était accroupie dans un fauteuil, la tête, dans ses mains, ses doigts crispés sur ses cheveux, étranglée par l'émotion qu'elle ressentait, répétant sourdement :

— Marius vivant !... il vient se venger... il sera sans pitié... et l'autre ! l'autre ! c'est atroce, cela... L'un va me livrer à la justice... et l'autre va m'étrangler.

Davilson, croyant toujours entendre du bruit, redoutant la venue des agents et voyant que l'heure de son train était proche, il avait hâte de partir. Il reprit :

— Ma chère Suzanne, je n'ai pas une minute, à perdre, adieu, nous ne nous reverrons probablement plus.

— James, ne me quitte pas... aide-moi, conseille-moi. Tu sais bien que je suis perdue, je ne puis rester ici... Je vais me sauver, me cacher. Je ne veux pas que l'on m'arrête...

— Si tu le veux, partons ensemble ; je vais au che-

min de fer en sortant d'ici, me dirigeant sur Londres.

— Emmène-moi, je t'en supplic, James, j'ai peur
de ces deux hommes, je deviens folle... Tu ne vas
pas m'abandonner, n'est-ce pas?..

— Oui, mais partons vite.... appelle ta femme de
chambre...

— Non... je devais te reconduire, elle n'est plus
là... ma robe est encore là sur le lit.. Aide-moi à la
revêtir... J'emporte des valeurs et des bijoux... Lorsque je serai à l'abri, j'arrêterai de sang-froid ce que
je dois faire... Aide-moi.

Elle avait donné à Davilson sa robe, qu'il tenait,
pendant qu'elle retirait son peignoir ; le vêtement de
crêpe de Chine blanc étant tombé, elle restait debout
le bras levé, afin que Davilson enfilât la robe. Elle
était adorable de mouvements, de gestes, seulement
vêtue d'une chemise de fine batiste qui dessinait les
voluptueux contours de son corps. Davilson, pressé
et inquiet, ne voyait rien et n'était troublé ni par
l'idéale beauté de la jeune femme, ni par la vue de
sa gorge et de ses bras.

Il jeta un cri en lâchant la robe et en se précipitant
vers la fenêtre.

Suzanne s'était retournée, folle de terreur, et,
essayant de se cacher sous les tentures Guillaume
de Caniel apparaissait dans l'encadrement d'une
porte sous les draperies sombres. Livide, la bouche

crispée, l'œil flamboyant, tenant un revolver à la main, il avait seulement dit :

— Misérables !

Et, visant l'homme qui se sauvait, il avait fait feu. Davilson avait jeté un cri de terreur, la balle lui avait déchiré l'oreille. Le danger lui donnait une étonnante agilité ; la tête perdue, il avait sauté par-dessus la chaise longue, il avait ouvert la fenêtre et s'était précipité dans la rue ; il courait en disant :

— Il me manquait ça !...

Suzanne, folle d'épouvante en voyant son mari s'avancer vers elle, était tombée à genoux, et les mains jointes, elle suppliait :

— Grâce, Guillaume, grâce ! pitié !

Et elle se traînait sur ses genoux, déchirant sa chemise, restant échevelée, presque nue.

Guillaume, les dents serrées, disait :

— Misérable !... Nature de fille...

— Grâce, monsieur, grâce !

— Si je te faisais grâce, tu traînerais mon nom dans la boue.

Lisant dans les regards de son mari son arrêt, elle essaya de se relever pour fuir en criant au secours.

— Allons donc, catin, je veux t'exécuter dans tes passions même : ton ventre et ton cœur !

Elle était levée, il la saisit à la gorge, et, à bout

portant, déchargea deux fois son revolver, et dans la poitrine et dans les entrailles.

Suzanne ne jeta pas un cri et retomba en avant; il la reçut dans ses bras, la souleva, la jeta sur le lit et sonna; déjà, au bruit des détonations, tous les domestiques accouraient, le baron dit froidement :

— Janny, veillez le corps de votre maîtresse. Jean, courez chez le commissaire de police, dites-lui de venir constater la mort de la baronne de Caniel, que j'ai tuée l'ayant surprise nue dans les bras de son amant.

Le soir même, pendant que se passait la scène que nous venons de raconter, la Petite Cayenne, dans son costume d'ouvrière au bras de sa mère, rencontrait à l'heure où elle avait coutume de sortir de son magasin, le brave père Bénard; la jeune femme se jeta dans ses bras. Le soir, elle dînait en famille, et le lendemain Marius Debret, libre, annonçait son mariage avec Colette.

Après la liquidation de la banqueroute de la maison Davilson, les commanditaires prouvèrent à Marius la considération et la sympathie qu'ils avaient pour lui en l'aidant à reprendre pour lui la maison qu'il avait dirigée.

La même semaine où Davilson était condamné par contumace à vingt ans de travaux forcés, le baron Guillaume de Caniel était acquitté.

Et, chers lecteurs, si vous voulez d'autres détails, peut-être oubliés par moi, allez les demander à

M. Marius X... Il habite avec sa famille, pendant l'été, une ravissante propriété en Normandie, dans une échancrure de falaise au bord de la mer, connue sous le nom de la *Petite Cayenne*.

FIN.

TABLE DES MATIÈRES

EMILE COLIN. — Imprimerie de Lagny

BIBLIOTHÈQUE SCIENTIFIQUE POPULAIRE

PUBLIÉE SOUS LA DIRECTION DE

CAMILLE FLAMMARION

LA
CRÉATION DE L'HOMME

ET LES

PREMIERS AGES DE L'HUMANITÉ

PAR

H. DU CLEUZIOU

UN VOLUME GRAND IN-8° JÉSUS

ILLUSTRÉ DE 350 GRAVURES

5 grandes planches tirées à part et 2 cartes de dolman

Prix broché. . . . .   **10** francs

Prix, le volume tranches dorées . .   **14** francs

Dr P. LABARTHE

DICTIONNAIRE POPULAIRE

DE

MÉDECINE USUELLE

D'HYGIÈNE PUBLIQUE ET PRIVÉE

Illustré de près de 1,100 figures

PUBLIÉ PAR LE DOCTEUR PAUL LABARTHE

AVEC LA COLLABORATION

De professeurs agrégés de la Faculté de Médecine,
de Membres de l'Institut, de l'Académie de Médecine, de Médecins
et de Pharmaciens des Hôpitaux,
de Professeurs à l'École pratique, d'anciens chefs de clinique
et des principaux spécialistes.

*L'ouvrage forme deux beaux volumes grand in-8° jésus
de près de 2,000 pages.*

PRIX DES DEUX VOLUMES :

Brochés : **25** fr. — Reliés, demi-maroquin : **35** fr.

Ouvrage indispensable aux familles, et contenant la description de toutes les maladies, leurs symptômes et leur traitement ; les secours aux empoisonnés, aux noyés, etc. ; l'hygiène des enfants, des femmes, des vieillards, l'hygiène de chaque profession, etc., etc.

COLLECTION ELZÉVIRIENNE

BOUTMY

Petit Dictionnaire de l'Argot des Typographes, suivi des **Coquilles** typographiques curieuses et célèbres, 1 vol. in-16, elzévir. . . . . **2** fr.
Tirage sur grand papier de Hollande. . . . . **4** fr.

ANDRÉ GILL

La Muse à Bibi. 1 vol. in-16, elzévir. Dessins de l'auteur. . . . . **2** fr.

L. DURIEU

Le Pion. Scènes et charges de collège. 1 vol. in-16, elzévir, avec illustrations de Léonce Petit. . **2** fr.
Tirage sur grand papier de Hollande. . . . . **4** fr.
Ces bons petits Collèges. 1 vol. in-16, elzévir, illustré de 100 dessins inédits de Léonce Petit. . . . . . **2** fr.
Tirage sur grand papier de Hollande. . . . . **4** fr.

SWIFT

L'Art de voler ses maîtres. 1 vol. in-16, elzévir, avec fleurons, culs-de lampe et dessin de GILL. . . **2** fr.
Tirage sur grand papier de Hollande. . . . **4** fr.

A. RANC

Une évasion à Lambèse. 1 vol. in-16, elzévir. . **2** fr.
Exemplaires sur grand papier de Hollande. . **4** fr.

CHARLES RICHARD

Le Pasteur de Carpes. La princesse Vatanapé, contes japonais, illustrés de 30 dessins en couleur. 1 vol. in-16. . . . . **2** fr.

L. BOURSIN

Les Capucins gourmands, préface de Paul ARÉNE. Illustrations de Léonce Petit. 1 vol. in-16. . . . . . **2** fr.
Exemplaires sur grand papier de Hollande. . **4** fr.

AVIS DES ÉDITEURS

Le but de la collection des *Auteurs célèbres* à 60 *centimes* est de mettre entre toutes les mains de bonnes éditions des meilleurs écrivains modernes et contemporains.

Sous un format commode et pouvant en même temps tenir une belle place dans toute bibliothèque, il paraît chaque semaine un volume.

CHAQUE OUVRAGE EST COMPLET EN UN VOLUME

OUVRAGES PARUS

N° 1. CAMILLE FLAMMARION, **Lumen**.

2. ALPHONSE DAUDET, **La Belle-Nivernaise** (Histoire d'un vieux bateau et de son équipage).

3. ÉMILE ZOLA, **Thérèse Raquin**.

4. HECTOR MALOT, **Une bonne Affaire**.

5. ANDRÉ THEURIET, **Le Mariage de Gérard**.

6. L'ABBÉ PRÉVOST, **Manon Lescaut**.

7. EUGÈNE CHAVETTE, **La Belle Alliette**.

8. G. DUVAL, **Le Tonnelier**.

9. Mⁱᵉ ROBERT HALT, **Histoire d'un Petit Homme**. (Ouvrage couronné par l'Académie).

10. B. DE SAINT-PIERRE, **Paul et Virginie**.

On peut souscrire par série de 10 volumes (franco) contre l'envoi de SIX FRANCS, en mandat ou timbres-poste.

LA SECONDE SÉRIE DE 10 VOLUMES EST EN PRÉP

PARIS. — IMP. G. MARPON ET E. FLAMMARION, RUE RACI